JN438671

지리산의 노송

지리산의 노송

임종안 수필집

수필과비평사

■ 책머리에

여기 수록된 대표적인 글은 내가 어려서부터 성장해오면서 겪었던 일화들을 기록한 것이다. 나는 네발로 기어다니기도 어려운 시절에 지리산 자락의 한 여승암女僧庵으로 보내졌었다. 그래서 여스님들의 보살핌을 받으며 어린시절을 보냈다.

나는 지금 나의 어머님의 얼굴을 알지 못한다. 지금껏 한번도 본 기억이 없기 때문이다. 나는 나를 길러주신 여스님이 나의 부모님이고 평생 잊지 못할 생명의 은인이시다.

그러나 내가 성장한 지금 나를 길러주신 여스님은 세상을 하직하시고 아무도 안 계신다. 너무도 한스럽다. 세상을 살아가면서 그 은혜를 생각하면 사무치게 그립다.

나는 이 하해河海와 같은 은혜를 세상을 정의롭게 사는 것으로 보답해야 되겠다고 결심하였다. 그러나 이 결심을 지켜나가는 것이 쉬운 일은 아니었다. 때로 적당히 타협하지 못한 탓에 겪어야만 되었던 어려움은 말로 다 형용하기가 어려웠다.

내가 동진출가 할 당시는 전국 어느 곳을 가나 대처승들이 사찰을 운영하였다. 나는 여스님들의 처소에서 초등학교를 마치고 한 곳의 사찰로 출가를 하였다. 그러나 대처승들의 부당한 사찰운영에는 눈감지 못하고 시시비비로 일관하였다. 이런 내 성격탓에 나는 승적부에서 이름을 지우는 수모를 겪어야만 되었고 결국은 사찰에서 짐을 싸가지고 지리산골 화전민 부락으로 떠나야만 되었다. 스스로 정든 곳에서 짐을 싸 지고 떠날 수밖에 없었던 곤혹스러웠던 현실은 지옥과도 같았다. 그 참담했던 사연 일부를 나는 1980

년 『신동아』 11월호에 「인간송충이들」이라는 제호의 논픽션을 발표하였다. 그 후 30여 년의 세월이 흐른 지금 나는 우연히 수필문학지 『에세이스트』와 인연이 되었고 그간 내가 겪어왔던 흔적들을 「산에는 길이 있네」라는 제목으로 『에세이스트』에 3년간 연재했다.

이제 그간 간간이 각 신문과 잡지 등에 발표했던 잡문을 모아 한 권의 책으로 선보이려 한다. 무덤 속에 갈 때까지 가슴속에만 묻어두고 싶었던 부끄러운 이야기를 감히 용기를 내어 책으로 엮게 되었다.

여러 선생님들의 격려와 충언을 고대한다.

감사합니다.

2024년 2월 1일

임 종 안 합장

차
례

제1부 홀로 가는 길

제2부 우번암 가는 길목에서

제3부 어느 천도식

제4부

버려진 아이를 키우는 죄

제5부 **산사의 겨울준비**

제1부

홀로 가는 길

어떤 약속

"아 떠나가셨습니다. 진리의 입장에서 말한다면야 생멸마저 모두 사라진 자리에 적멸의 즐거움이라. 스님께서 적멸에 드셔 하나의 신령스런 광명은 대천세계에 빛나고 천지를 버티어주고 고금에 변함없사오니 스님의 이와 같은 법락이 바로 본분이요 구경의 자리라 그 무슨 말을 하겠습니까?

저는 중생의 마음을 가름하여 한줄기의 향과 한잔의 차를 올리며 스님의 열반송 운자에 따라 화답하면서 영결을 고합니다.

어젯밤 바람따라 떠나버린 한 조각 구름 훨훨 날아

생명의 강에 자재하여라. 중생이 오직 서둘러 다시 오시기 바라오니 아니 오시려거든 적멸의 소식이나 전해주시오."

이는 지난 6월 19일 담양 용흥사에서 열반하신 백운白雲스님을 추모하며 해거스님께서 8월 1일자 불교신문에 발표하신 추모문의 일부이다.

나 역시 백운스님을 존경해왔기에 비통함을 금할 길이 없다. 그러나 나는 백운스님이 가시고 없는 지금 비통함과 함께 백운스님께서 생명처럼 소중하게 보관해오시던 달마도 그림 한 폭을 어떻게 처리하셨는지가 무엇보다 궁금하다.

당시 불교 정화운동이 한창이던 시절이었다

백운스님은 동료 도반스님들과 함께 대처승들이 운영하고 있던 사찰들을 접수하고 다니느라고 눈코 뜰새 없이 바빴다. 이때 백운스님의 뇌리에 한 생각이 떠올랐다. 이 귀중한 젊은 한때를 이렇게 절이나 뺏고 다니는 일에 허송하고 말면 내 장래는 어떻게 되겠는가? 이런 생각이 떠올랐다. 아무래도 지금의 일이 본분사가 아닌 것 같았다. 그래서 백운스님은 그길로 대열에서 벗어나 그간 강원에서 배워오던 경전을 모두 챙겨 들고 조용히 지리산으로 스며들었다. 백운스님이 찾아들었던 곳은 지리산 공비토벌 당시 건물이 뜯기고 빈터로 남아 있던 천은사 산내 암자인 수도암이었다. 백운스님은 이곳에 토굴을 짓고 탁발을 해다 먹으며 경전공부에 매진하였다. 산에서 손수 나무를 해다가 불을 지피고 마지를 지어 불전에 공양을 올렸다. 기초경전을 마치고 공부가 깊어지자 난해한 부분이 많았다. 그런 부분은 메모를 해두었다가 세속에 탁발을 나가는 길에 천은사에 들러 (당시 천은사는 비구니 오동님 스님이 주지로 있었다.) 강사이신 하용화河龍華님에게 자문을 받았다. 용화스님은 어느 경전 어느 부분이든 포행을 하시다가도 막힘이 없이 그 자리에서 시원하게 해설을 해주시었다. 그래서 백운스님은 용화스님만큼 혜안이 밝으신 스님은 없다고 존경했으며 자주 찾아뵈었다. 용화스님은 이북 황해도가 고향이었으며 해방 이후 남으로 내려와 화엄사 주지스님인 진흥스님의 상자로 입문하여 수행하던 중 석종대의 우번암에서 기도 15일만에 석종소리를 듣고 크게 깨치신 도력이 높고 인품이 훌륭한 스님이었다.

백운스님은 이렇게 용화스님과의 대면이 길거리를 오가며 선자리에서 법거래를 하듯이 잠시 잠깐씩 만나는 정도였으나 어느덧 수년의 세월이 흘렀다. 따라서 두 스님은 스승 상좌처럼 서로 깊은 신뢰가 쌓여갔다

그러던 어느날 용화스님은 백운스님에게 이런 제의를 하셨다.

"금생에는 내가 백운수좌의 스승노릇을 하지만 내생來生에는 자네가 내 스승이 되어주게나. 내가 죽으면 반드시 인도환생을 해서 승가로 다시 돌아올 것이니 그때 만나세. 우리가 만나는 장소는 내가 기도하

면서 석종 소리를 들었던 우번암으로 하세. 더벅머리 총각으로 오든지 행자의 신분으로 오든지 와서 이 달마도 그림을 보고 죽고 못살게 좋아하는 사람이 있거든 그 사람이 나인줄 믿고 이 달마도를 다시 나에게 주시고 나를 지도해 주시게. 부탁하네."

용화스님은 진지한 표정으로 이렇게 말씀을 하시며 조그마한 달마도 그림 한폭을 백운스님 앞에 내어 밀었다.

용화스님으로부터 이런 부탁과 함께 달마도 그림 한폭을 전해 받은 백운스님은 전율이 느껴질 정도로 엄숙한 책임감이 느껴지고 환희심이 생겨서 화답의 뜻으로 그 자리에 엎드려 삼배를 올렸다. 용화스님과 백운스님은 이렇게 금생에서 내생來生 일을 서로 약속하신 것이었다. 용화스님은 그 후로 더욱 자상하게 경문을 해설해 주시었다.

백운스님은 더욱 열심히 경전공부에 매진하였다

용화스님은 이렇게 천은사에서 후학들을 지도하시

다가 1963년 (음력)4월 4일 세연을 마치고 열반하시었다.

스승을 떠나보낸 백운스님은 용화스님과 만나기로 약속한 우번암을 복원하는데 열심히 노력하며 서운한 마음을 달래시었다. 인가로부터 몇 십 리 거리인 산속에다 자재를 운반해 거처를 마련하는 것이 쉬운 일은 아니었으나 백운스님은 천신만고 끝에 마침내 아담한 기도 처소 하나를 완성하였다. 우번암은 옛날부터 기도 처소로 유명한 곳이었으며 수월스님께서도 머무셨던 곳이었다. 백운스님은 이 우번암에 상좌인 법종을 상주시키며 용화스님의 환생을 기다리셨다. 백운스님은 아무리 일정이 바쁘셔도 철마다 이곳 우번암에 찾아와서 며칠씩 철야기도를 드리셨다. 그러나 백운스님의 이 간절한 기다림에도 달마도를 전해줄 더벅머리 총각은 쉽게 찾아오지 않았다. 때로는 용화스님을 기다리는 내 신심이 부족한 탓이 아닌가 하고 자책도 하며 백운스님은 열심히 기도를 드렸다.

어느덧 용화스님께서 열반을 하신 지도 벌써 십수 년의 세월이 흘러가고 있었다. 기다림에 지쳐가는 백운스님도 이제 세월의 무게를 이기지 못하고 노환으로 자주 병원신세를 지고 계신다. 내가 백운스님을 문병하며 용화스님을 화제에 올리면 백운스님은 이렇게 답변을 하시었다

"글쎄. 용화스님은 이미 찾아오셔서 새소리 바람소리로 계속 나에게 설법을 하고 계시는데도 내가 눈귀가 어두워서 깨닫지 못하고 있는지도 몰라. 용화스님의 수행력으로 보아서는 못오시고 약속을 어기실 분이 아니신데"

임종을 눈앞에 둔 백운스님께서 이렇게 말씀하시는 모습이 한없이 존경스럽고 거룩하게만 보였다.

두 스님은 이제 세상을 떠나시고 안 계시지만 약속의 전설은 오늘도 지리산골의 솔바람 소리처럼 멀리 흘러가고 있다.

백운스님의 흔적

화엄사, 송광사, 범어사 강사 역임

『양치는 성자』, 『부설거사』, 『한국불교사』 『임제록 연의』 등 저서를 남기셨다.

홀로 가는 길

나는 주머니가 허락하는 대로 자주 여행을 떠난다. 때로는 산으로 때로는 바다로, 때로는 끝없는 들길을 한없이 걷는다. 사전에 계획을 세우고, 떠나기 며칠 전부터 준비에 부산을 떠는 그런 번거로운 여행보다는 그저 평상시 입던 옷 그대로 간단한 필수품만을 챙겨 들고 가볍게 떠나는 그런 여행을 나는 좋아한다. 잠시나마 일상의 테두리를 벗어나 보고자 여행을 떠나는 것인데, 짐이 많으면 복잡한 생활의 연장처럼 여행의 맛이 나지 않는다.

또한 여행은 동행이 많은 것보다 혼자일수록 좋다.

일행이 많으면 고삐에 끌려가는 짐승처럼 예정된 코스를 계획대로 움직여야만 되기 때문에 자유스럽지 못하다. 인간은 속박에서 벗어날 때 가장 기쁜 것이며, 여행의 멋과 맛은 허허로운 내 모습을 만나볼 수 있다는 데 있지 않겠는가.

인생은 태어나고 죽을 때만이 혼자인 것은 아니다. 알고 보면 살아가는 과정 역시 혼자인 것. 아무리 친구가 많고 부부지간, 형제지간의 의가 좋다고 하더라도 자기 몫의 삶은 자기의 책임하에 자기가 사는 것이지 그 누구도 대신할 수 없는 것이다.

쾌청하게 맑은 날, 배낭 하나 짊어지고 홀가분히 길에 나서면 나를 닮은 그림자 하나가 내 뒤를 따른다. 이는 어쩔 수 없이 나와 함께 해야 할 나의 모습인 것이다. 내가 빨리 걸으면 그도 빨리 걷고, 내가 느리면 그도 느리다. 내가 앉아서 쉬면 그도 쉬고, 점심을 먹으면 그도 먹는다. 사람은 이와 같이 저마다 업장이라는 자기 모습의 그림자를 하나씩 가지고 살아간다. 악하게 살면 악한 대로, 선하게 살면 선한 대로 업장이 남는다. 이는 신의 주관도 아니요, 부처의 간섭도 아닌, 우주의 질서요, 자연의 본성인 것이다. 이 우주의 성품은 태초부터 있어 온 것이기에 먼저 깨달은 사람의 해석에 따라 불佛일 수도 있고 신神일 수도 있는 것이다.

나는 여행에서 많은 것을 느끼고 배운다. 들길을 걸으면서 멀리 바라보는 산은 단숨에 오를 것만 같다. 그러나 실은 도전해 보면 그렇게 쉽지만은 않다. 등산을 무리하게 서둘다가는 한나절도 못 가서 지치고 만다. 산을 이기려고 해서는 안된다. 산을 정복하려면 우선 산을 이해하고 산의 의미를 알아야 한다. 마구잡이로 서둘러서는 절대로 안된다. 이러한 순리는 등산에서뿐만 아니라 우리의 일상생활에서도 마찬가지로 적용되는 예인 것이며, 국가를 경영하는 정치 또한 이에서 예외일 수는 없다. 정치는 국민을 다스리는 것이 아니라 이해하는 것이며, 국민을 이기는 것이 아니라 보살피는 것이다. 그것이 정치가 숨 쉬는 순리인 것이다.

나는 길을 걷다 지치기 전에 미리 쉰다. 맑은 냇가에 앉아 세수도 하고 양말도 벗어 새것으로 갈아 신는다. 길을 걷다 잠시 쉬는 것도 더욱 힘찬 전진을 위한 휴식일 뿐 포기가 아니다. 휴식을 하고 나면 마음도 상쾌하고 힘이 솟는다. 때로는 조각달이 걸려 있는 밤길을 홀로 걸으며 우주의 무거운 침묵 앞에 고요히 서 본다. 사람은 의지함이 없이 외로운 혼자일 때 자신의 실체가 여실히 보이는 것이다. 돈이나 권력의 울타리 안에서는 거기에 취할 뿐, 본래의 나를 만날 수가 없다.

여행은 내 인생의 길잡이요, 스승이다. 길을 걸으면서 눈앞만을 바라보면 길은 항상 넓고 반듯한 것만 같다. 그러나 멀리 앞뒤를 살펴보면 길은 좁고 이리저리 구불구불 굽어 있다.

사람은 항상 먼 곳을 보지 않고 눈앞 만을 바라보

는 근시안적인 사고방식을 갖고 자기 주관에만 젖어 살려고 하는 것 같다.

그런 사람일수록 자기만이 옳다고 생각하여 남의 올바른 충고나 건의가 먹혀 들어갈 틈이 없어 시행착오를 범할 위험이 많다. 사람은 내 주장이 절실한 만큼 남의 의견에도 귀 기울이며 사는 것이 도리요, 지혜로운 자세이다. 세상은 다 속여도 속일 수 없는 내 맘속의 진실을 따르려는 것이 불자佛子의 자세요, 하나님의 가르침에 충실하는 길이 되는 것이다.

나는 짧은 생애를 살면서 주위에서 많은 사람들의 시행착오를 보아왔다. 종단의 분규 때는 아무런 주관 없이 이쪽저쪽 유리한 곳만을 넘나들다 양측에서 버림을 받은 사람들, 주지 자리가 탐나 자기가 모셔야 할 은사스님을 헌신짝 버리듯 뒤로 하고 세력있는 문중으로 찾아나선 사람 등. 어디 그뿐인가, 국가를 구하겠다고 정치일선에 나선 사람들이 국민의 여망은 아랑곳하지 않고 시대가 바뀌고 정권이 바뀔 때마다 권력 앞에 무릎을 꿇고는 자신이 유능하고 참신해서 다시 선택받은 것처럼 국민을 우롱하는 몰염치한 정상모리배들, 일본천황에게 충성을 맹세하던 그 입으로 독립만세를 열창하며 애국을 위장하던 민족 반역자들은 또 얼마나 많은가.

삼라만상의 현상은 영원한 것이 아닌 무상한 것이다. 모든 것은 다 성주괴공成住壞空의 연속인 것. 인생은 기껏 살아야 백년 미만의 생을 살다가 자기가 지은 업장 하나 짊어지고 홀로 가는 것이다. 오늘이 있는 것은 어제가 있기 때문이요, 오늘이 있기에 내일 또한 분명 있는 것이다. 따라서 금생이 있는 것은 내생이 있다는 분명한 입증이 아니겠는가. 나는 가끔 태어날 때부터 천형의 질병을 안고, 일생을 괴로워하는 사람들을 본다. 그런 사람들을 볼 때마다 전생의 업이로구나 하는 생각이 든다. 제발 그러한 불행한 사람들이 더 태어나지 말았으면 하고 소원해 보지만 스스로 지은 두터운 업장들을 어찌하랴.

오늘도 내 귀에 무수히 들려오는 함성소리가 너무도 시끄럽다. 언제 그 함성들이 시류에 따라 새로운 만세소리로 시들어갈 것인지를 생각하니 측은한 마음이 든다.

무언無言의 소리

산골에 사는 사람은 태고의 고요 속에서 울창한 수목들을 벗하며 살아간다. 앞도 산이고 뒤도 산이니 그야말로 숲속에 묻혀 살아가는 것이다. 내가 수목들을 벗하며 살게 된 것은 절에 출가하면서부터였으니 벌써 십수년이나 되었다.

숲은 아무리 보아도 지루하지 않고 보면 볼수록 정답다. 볼 일이 있어 외지에 출타라도 했다가 산골에 돌아오면 마치 어머님의 품에 안기는 것처럼 아늑한 기분이 든다. 들떴던 마음, 착잡했던 마음들이 차분히 가라앉는다. 그래서 산골은 수행하는 데 더없이 좋은 처소가 아닌가 싶다. 때때로 마음이 울적할 때 지팡이 하나 들고 풀섶을 헤치며 숲속을 한번 거닐다 돌아오면 마음이 후련해진다.

이 산책로에는 층암절벽의 기암괴석들이 있는데 그 바위 틈바구니에 솔씨가 날아와 움이 터 소나무가 뿌리를 내리고 자생하는 것을 보면 기구한 팔자구나 싶어진다. 마치 어려서 조실부모하고 절을 찾아들어야만 했던 나의 모습을 보는 듯싶다.

나는 마음이 언짢을 때마다 자주 이 산길을 걷는다. 숲속에는 질서와 고요한 화평이 있다. 산에는 수십 수백 종의 수목들이 한데 어울려 살면서도 제각기 자기 위치를 지키며 자연에 순응하며 살아간다. 소나무, 전나무, 층층나무 등등 나무들은 다 제각기 개성이 있다. 어떤 나무는 하늘 높이 치솟고, 어떤 나무는 키는 크지 않고 옆으로만 퍼지며, 또 어떤 나무는 적당한 키에 적당히 옆으로 가지를 뻗는다. 팔자가 어지러운 사람처럼 바위 틈바구니에다 뿌리를 뻗고 살면서도 푸르름을 잃지 않고 씩씩하게 살아가는 모습을 볼 때면 박수라도 치며, 무언의 성원을 보내고 싶어진다. 여기에 비해 좋은 토양에서 키는 크고 가지도 무성하게 뻗었으면서도 하찮은 풍우에도 견디지 못하고 뿌리가 뽑혀 쓰러지고 마는 것을 볼 때면 실속없는 사람을 보는 것처럼 실망을 느낀다.

나는 이러한 나무들의 생태를 통해서 우리들이 배워야 할 점이 많다고 생각한다. 내실을 갖추고 사는 사람일수록 외모는 수수하다. 반대로 내실을 갖추지 못한 사람일수록 외모는 화려하게 치장을 한다. 이런 사람일수록 뿌리 단속을 하지 못한 나무처럼 뒤끝이 허망하다. 지금 이 사회에는 키만 크고 뿌리 단속을 하지 못한 나무같은 사람들이 너무도 많은 것 같다. 부정한 방법으로 돈 몇 푼 벌어놓고 거드름을 피우는 사람, 아랫사람에게 큰소리치며 떵떵거리는 사람, 실력이 없고 능력이 부족할수록 더욱 위엄을 가장하는 사람들… 어쩌다 이런 사람들이 권세의 자리에라도 오르게 되면 그 주위는 그만큼 살벌하고 사람들은 고달프기 마련이다.

나는 몇 해 전에 처소 주변 느티나무에 토종벌이 날아와 엉긴 것을 벌통에다 받아두었다. 이듬해 봄에 새끼를 한배 분봉 받아 두 통이 되었고 해마다 한 통씩 분봉이 되어 작년까지 십여 통이 되었다. 나는 이 벌들에게 여름 더위를 피해 주기 위해서 나무 그늘 밑에다 정성스레 자리를 만들고 옮겨 놓았다. 봄이면 산천에 지천으로 피어난 꽃에서 벌들은 꿀을 잘 물어 날랐다. 가을이면 꿀을 떠서 가까운 이웃끼리 나눠 먹기도 하고 돈이 아쉬울 때는 팔아 용돈에 보태기도 했다. 벌들은 여름이면 무성하게 우거진 나무그늘 아래서 시원스럽게 지내며 놀이를 잘했고 겨울이면 수목들이 설한풍을 막아 주어 아늑하게 지냈다.

그러나 작년 여름 쏟아지는 폭우에 벌통들이 모두 쓸려가 버렸다. 몸이 아파 병원에 입원해 있다 돌아와 보니 그 지경이 되어 있었다. 아직도 완쾌되지 못한 몸을 이끌고 쓰러진 벌통들을 수습하다 보니 두 그루의 나무둥치 밑 가까이 두었던 벌 두 통만은 그대로 남아 있었다. 밀려오는 물살을 두 그루의 나무가 막아 준 것이다. 주변 나무들은 뿌리가 패어 쓰러지면서 벌통까지 함께 쓸려가 피해가 이만저만이 아니었다. 벌 두 통을 건져 준 두 그루의 나무도 뿌리가 빗물에 패어 있었고 형체가 거의 드러나 보였지만 그런대로 건재해 있었다.

자세히 보니 이 나무만은 위로 커올라간 키만큼 땅속 깊이 뿌리를 묻고 옆으로 뻗은 가지만큼 땅속에서도 전후좌우로 뿌리를 깊게 뻗고 있었다. 의지가 굳고 주관이 뚜렷한 사람처럼 상하 균형을 잘 유지하고 있었기 때문에 험한 물살을 견뎌내고 강풍을 이겨낸 것이다. 이 말 없는 두 그루의 나무의 지혜가 나의 벌 두 통을 살려 준 것이다. 이 나무가 베풀어 준 현덕에 나는 더없이 고마움을 느꼈다. 실속없이 키만 큰 나무만을 믿고 그 밑에다 두었던 벌들은 나무가 쓰러지면서 물에 쓸려가 함께 몰살을 당한 것이다.

나는 이 나무와 벌통과의 관계를 통해서 이 사회의 흐름을 생각해 본다. 큰소리 떵떵 치며 신임을 가장하는 사람의 감언이설만을 믿고 자본을 투자해서 동업을 하다가 가산을 탕진하고 패가망신한 사람들이 얼마나 많은가. 그래서 "장맛 좋은 집에는 가도 말 좋은 사람은 대하지 말라"는 속담이 생겼는지도 모른다. 물론 이러한 관계는 개인과 개인의 관계이므로 이해관계는 그 당사자에게만 스치고 만다.

이에 비해 많은 사람들에게 영향을 끼칠 수 있는 위치에 있는 사람들의 말 한마디 행동 하나 하나는 그야말로 뭇사람들에게 지대한 영향을 미친다. 이러한 사람들에게 주위의 사람들이 실망을 느끼게 되는 것은 많은 사람들이 갖는 무언의 기대감을 저버렸을 때인 것이다. 사회적으로 저명한 사람들은 그만큼 이 사회에 대한 책임이 무거운 법이다. 많은 선량한 사람들의 최소한의 기대감. 이것이 바로 사회 전체의 기대가 아니겠는가. 이 대다수 국민이 갖는 기대감을 저버렸을 때 그 저명인들은 뭇사람들의 배신자가 되는 것이다.

이 사회의 지도자가 그룹에 드는 사람들은 많은 사람들의 무언의 소리를 들을 줄 알아야 한다. 그 무언의 소리가 무엇인 줄을 알고 거기에 따르는 사람만이 진정 이 시대의 주역이 될 수 있는 것이요, 어떠한 강풍이 불어와도 끄떡하지 않는 위로 커간 키만큼이나 밑으로 뿌리 단속을 잘한 든든한 나무가 되지 않겠는가. 자기가 뿌리를 묻고 있는 흙을 가볍게 여기고 하늘로만 커 올라간 나무들은 그 무성함을 오래도록 지키지 못하고 곧 쓰러지고 마는 것도 자연의 섭리가 아닌가.

스님들의 시집살이

속세를 떠나 생활하는 승려들에게도 시어머니가 있다면 얼른 이해가 되지 않을 것이다. 그러나 승려인 우리에게도 분명 시어머니는 있고 시집살이도 있다. 시집간 여인이 남편의 어머니를 시어머니라고 부른데 반해 입산 출가한 승려들에게는 여러 선배님들이 다 시어머니가 되는 것이다. 그리고 세속의 여인이 시댁의 가풍을 지켜나가는 어려움을 고된 시집살이라고 한다면 우리 승려들에게는 엄한 계율을 지켜나가려는 어려움이 또한 모진 시집살이가 아닐 수 없다. 옛날 어머니들이 어른들의 비위를 맞추느라고 고개 한 번 제대로 들지 못하고 남모르게 흘리던 눈물도 스님네의 시집살이만 할까 보냐는 말 앞에서 마음의 위안을 얻었다는 말을 들어보면 스님네들의 시집살이가 얼마나 고된 것인지 가히 짐작이 될 것이다.

그러나 요즘 우리 승려들에게 진정 조심되는 시어머니는 은사스님이나 선배 스님들만은 아니다. 얼마든지 어렵고 조심되는 시어머니가 있다. 사찰에는 불교를 신앙하는 신도님들이 오기도 하고 일반 관광객들이 찾아들기도 한다. 요즘에는 옛날에 비해 더욱 많은 사람들이 사찰을 찾는다. 그 많은 관광객들과 신도님들이 우리들에게는 모두가 다 시어머니가 되는 것이다. 그들은 우리 승려들의 생활 하나 하나를 다 마음속으로 시비하고 있기 때문이다. 세속인들에게는 평범하게 지나쳐버릴 일도 승복을 입은 승려들에게는 허물이 되는 경우가 많다. 세속인들은 어쩌다 그러한 경우를 발견하게 되면 마음속에 담아 두었다가 두고두고 화제의 도마 위에 올려놓고 비난의 칼질을 해대는 것이다.

물론 그들 중에는 너그러운 마음으로 이해를 해주시는 분들도 계시지만 대부분의 사람들은 그렇지 않다. 그러므로 우리 승려들은 세속인 대하기가 무서운 시어머니 대하는 것처럼 어렵고 조심스럽다.

그러나 내가 정작 세속인을 대하는 데 주저하는 이유는 그러한 데 있는 것은 아니다. 승려가 세속인을 대하는 근본적인 이유는 불법을 전하여 중생을 계도하는데 있다. 승려의 존재 이유는 중생교화에 있고 승려의 존재 가치도 그것을 통해서만이 가능하다. 나는 이러한 것을 알면서도 요즘 들어 세속인들로부터 불교에 대한 설법을 요구받는 일이 거북하다. 그러한 기회가 나에게 주어지는 것이 딱 질색이요 더 없는 고역이다. 그럴 만한 고충이 있기 때문이다. 나는 이론보다 실천을 앞세우는 것이 불교라고 배워왔다. 불교를 한 마디로 요약하는 적절한 표현이 아닌가 싶다. 나는 이 말을 자주 사람들에게도 전한다.

그런데 여러 사람들을 앞에 두고 불교가 이런 것이라고 한참 이야기를 하다보면 조용히 나의 말을 경청하고 있는 많은 사람들이 저마다 "스님은 스님의 설법처럼 다 실천을 하고 계십니까?" 라고 무언의 질문을 해 오는 것이다. 이때 그들이 하나 하나 나를 쏘아보는 시선들은 화살보다 더 예리하게 나의 가슴을 찌르는 것이다. 그럴 때면 쥐구멍이라도 있으면 들어가버리고 싶을 만큼 내 자신이 부끄러워진다. 나는 정말 내가 세속인들에게 요구하고 있는 만큼 나 또한 세속인들의 기대에 어긋나지 않는 생활을 하고 있는 것일까 하고 자신을 돌이켜볼 때, 내 자신이 너무도 부끄럽고 민망스럽다.

너와 나의 관계

인간은 사회적인 동물이라 한다. 인간은 좁게 보면 단순한 나이면서도, 크게 보면 이 사회의 구성원으로서의 나임을 발견하게 된다. 사회란 이렇게 무수한 나와 내가 한데 뭉쳐서 이루어진 커다란 구성체를 말한다. 그러기에 인간은 각기 개성이 다르면서도 자기 혼자만을 위주로 한 생활을 할 수 없는 것이다. 그것은 너와 나는 상대적인 것이기에 나의 입장에서 나를 주장하면 상대는 또 자기의 입장에서 자기를 주장하므로 너와 나의 관계가 이뤄질 수 없기 때문이다.

사람은 세상을 살면서 저마다 자기의 이익(행복)을

찾아 헤맨다. 그런데 자기가 찾는 이익을 아무리 찾아도 찾지 못하는 것은 너와 나의 관계를 무시하고 자기만을 의식한 입장에서 찾기 때문이다. 그래서 찾고 있는 이익과는 더욱 거리가 멀어지는 경우가 많다. 예를 들면 단돈 몇천원 때문에 강도라는 죄명으로 철창신세를 지는 경우가 있으며 하찮은 시비로 이웃간에 아귀다툼의 원수지간이 맺어지기도 한다.

또한 어떤 해결을 위해 타협할 때 자기주장만을 너무 고집하다 그 타협을 이루지 못하는 경우가 있고 조그마한 이익을 위해 남을 크게 모함하다 더 큰 형사책임을 면치 못하는 경우가 있다. 그러므로 우리는 세상을 살아가는데 있어서 무엇보다 중요한 것은 너와 나의 관계를 원만히 유지하는 것이라고 할 수 있다.

그러면 어떻게 해야 너와 나의 관계가 원만히 유지될 수 있을 것인가? 그것은 나의 입장에서 내가 중요하듯 너는 너의 입장에서 네가 중요하다는 것을 인정해 주는 일이 되지 않을까 싶다.

사람은 잘나면 잘난 대로 못나면 못난 대로 인간으로서 신성불가침의 기본적인 인격이 있는 것이다. 그 기본적인 인격을 서로 존중할 때 너와 나의 관계는 가능하다. 내가 번 돈이니 내 멋대로, 내 몸뚱이니 내 맘대로 처신하며 산다는 태도는 너와 나의 관계를 무너뜨리고 만다.

아무리 법의 질서는 지키며 산다고 할지라도 우리는 그 자체가 벌써 공해적인 성격을 띠고 있다는 사실을 깨달아야 한다. 만원된 버스에 저 사람이 타고 있어 내가 비좁은 것이나 내가 있어서 저 사람이 불편한 것은 서로가 마찬가지인 것이다.

그러므로 우리는 서로의 고충을 이해하고 서로 협조하는 상부상조의 정신이 필요하게 된다. 그리고 남을 원망하기에 나의 부덕함을 알아야 하며 그 사람의 입장에서 다시 한 번 생각해 볼 줄 아는 아량을 가져야 한다.

나는 나이면서 너와 나의 관계 속에서 살아가고 있기 때문이다.

제2부

우번암 가는 길목에서

내 고향의 봄소식 · 전생인연 · 우번암 가는 길목에서 · 할머니 스님과 엄마 스님 · 진실 · 남의 자식이란

내 고향의 봄소식

매섭게 몰아친 설한풍과 함께 겨울 내내 산골의 왕래를 방해하던 겨울이 가고 이제 봄이 완연하다

내 고향 전라도 구례는 업장業障처럼 지리산을 등에 업고 살아간다. 그래서 겨울이면 산골에 사는 서민들은 한번 눈이 와서 쌓이면 봄이 와서 녹을 때까지는 통행에 많은 불편을 겪는다. 원치 않은 겨울은 빨리 찾아와서 더디게 가고 기다리는 봄은 할머니 걸음으로 오고 있는 것만 같다.

이곳의 봄은 이삼 월이 되면 멀리 남쪽에서 서서히 섬진강을 따라 올라온다. 하동포구 '다압'마을의 매

화꽃을 피우고 나서 지리산 아랫마을 '산동'의 산수유를 피운 다음, 우리들에게 '고로쇠'약수를 선사한 것으로 봄은 첫인사를 한다. 메말랐던 나뭇가지에 파릇파릇 잎이 피고 얼어붙었던 대지에는 새순이 돋아난다. 미끄럽고 위험하던 산길은 언제 그랬냐는 듯이 깔끔히 눈이 녹아 탐방객들의 길을 열어준다.

계절은 우리가 싫어한다고 해서 오지 않고 환영한다고 해서 찾아온 것이 아니라 시절인연이 되면 그저 이렇게 더도 덜도 않고 적당한 모습으로 치장하고 우리들에게 온다. 따뜻한 햇볕·푸른 창공·시원한 바람·울창한 숲과 향기로운 꽃들·또 숲속에서 들려오는 아름다운 노랫소리들…. 자연은 이렇게 우리들에게 많은 혜택을 아무 조건 없이 무상으로 베풀어준다. 그저 자애로운 어머니처럼. 우리는 이런 것들에 대해 고마움을 느낄 때 삶의 의미와 가치가 느껴진다. 그러니 우리들은 이 자연에서 순리를 배우고 지혜를 체득하여 내가 소망하는 일들이 빨리 이루어지지 않는다고 하여 성급하게 화를 내거나 이웃들에게 증오심을 갖지 말자. 모든 것은 다 때가 있고 여건이 성숙되어야 이루어지는 법. 그리고 한세상 때가 되어 떠날 때는 모든 것을 다 버리고 가는 것이니 과욕으로 분수 밖의 것에 욕심부리지 말고 이 풍진 세상 자연을 벗 삼아 허허 웃으며 살아보자.

우리는 주어진 현실에 만족할 줄 알아야 한다. 현실에 불만을 갖다 보면 천하를 다 내것으로 등기이전을 했어도 마음은 항상 허전하다. 행여라도 하찮은 이해관계 때문에 이웃들과 서먹하게 살지 말고 차라리 양보하고 마음 편히 살자. 양보하는 것은 절대로 손해 보는 것이 아니다. 더 어렵고 다급할 때 일용할 수 있는 운명의 행운을 예탁하는 것임을 명심하고 항상 너그러운 마음으로 여유롭게 살자.

우리들의 삶은 무상無常한 것이다. 무상이란 실체가 없다는 뜻이다. 우리가 세상에 태어날 때 빈손으로 왔는데 무엇을 잃었다고 실망하고 속상해 하는 것은 너무도 큰 착각이다. 물질은 인연 따라서 있다가도 없고, 없다가도 생기는 것이다. 이것이 자연의 질서이고 우주의 법칙이다. 이 우주의 법칙에 순응하며 살아야 한다는 것을 인식하는 것이 삶의 중요한 지혜일 것이다.

흔히 아침 출근길에서 차 안이 비좁아 불편한 것은 저 사람이 있어서 내가 불편한 것이 아니라 내가 있어서 저 사람 또한 불편한 것이다. 찌푸린 얼굴로 옆을 바라볼 것이 아니라 너그러운 미소로 대한다면 오늘 하루는 소망스러운 출발이 되지 않을까 싶다. 우리들은 어차피 주어진 삶을 다 같이 이 공간에서 살아가야 할 동업同業 인생이다. 다 자기의 입장에서는 세상의 그 무엇과도 바꿀 수 없는 지고지순한 삶이다. 이 어찌 고귀하지 않고 아름답지 않겠는가. 이 소중하고 아름다운 생을 어찌 어두운 그림자만을 바라보며 괴롭게 허송해야 되겠는가. 인생은 순간들이 모여 일생을 이루는 것인데 지금 이 찰나가 영원으로 이어진다는 것을 명심하고 순간순간을 값지게 보내야 할 것이다.

어쩌다 비 오고 바람 부는 밤길의 자동차 홍수 속을 운전하고 가야만 되는 경우가 있다. 위험천만한 운전길이다. 그럴 때면 나도 모르게 내가 신앙하는 종교를 생각하며 제발 오늘 하루가 무사하게 해 주옵소서 하고 소망하는 마음이 생겨난다. 이럴 때 내 마음에 위안이 되는 것은 내가 신앙하는 절대자의 위신력이라기보다는 그 절대자의 뜻인 인간으로서의 아름다움을 지키려고 노력하며 살아왔다는 내 나름의 신념에서 더 큰 위안을 얻는다.

지금 지리산에는 모든 수목들이 푸른 초록으로 옷을 갈아입느라고 한참 바쁘다. 겨울 내내 모진 설한풍을 견디며 내밀히 준비해 왔던 혼신의 에너지를 다 이 작업에 쏟고 있는 모습이다. 그러나 가을이면 미련 없이 훌훌 옷을 벗어 이웃들에게 자양분으로 나눈다. 자연이 우리들에게 공생共生의 지혜와 나눔의 미덕을 보여주는 모습이다. 자연은 지금 이 사회의 불신과 배신의 병폐에 대해서 말없이 경고하고 올바른 길을 보여주고 있다.

세상에는 여러 종교들이 있다. 그리고 그 교세가 만만치 않다. 또 스스로 지성인임을 자부하는 사람들도 많다. 그런데 우리들의 현실은 왜 이렇게 막막하고 살벌하기만 하는가. 모두가 다 자기의 역할에 충실하지 못하고 있는 것만 같다. 가장 소중하게 지켜야 할 양심과 신의를 헌신짝처럼 버리고 살아가고 있는 부류들이 너무도 많다. 나는 지리산 자연의 숲길을 걸으면서 자기반성의 기회를 얻는다.

이제 날씨가 풀려 잎 피고 꽃 피니 봄놀이 가기 좋은 계절로만 생각하지 말고 만물 앞에 평등한 봄이 주는 무언의 소식에 귀를 기울여 보고 싶다.

이 봄의 소리를 들을 수 있어야 인간은 만물의 영장임을 자부할 수 있다.

전생인연

지우가 우리 절에 온 후 암자의 생활환경이 많이 바뀌었다. 우선 겨울에는 모두가 전기장판을 사용해 왔었는데 전자파가 인체에 해롭다는 말을 들으신 스님께서는 방마다 기름보일러로 교체하였다. 법당 뒤 긴 담벽도 철제로 기둥을 세우고 시설물을 설치하여 지우가 다치지 않도록 조치했다. 마당가 미륵님 뒤편 공간에는 지우가 좋아하는 그네 틀을 세우고 그네를 매어주었다. 지우는 네 살부터 읍에 있는 어린이학원을 보냈는데 학원에서 암자까지의 거리가 너무 멀어서 통근차를 보내줄 수가 없다고 하여 지우만을 태우고 어린이집 골목길을 다니려고 경차를 한 대 구입했다. 지우는 이 경차를 지우 빵빵이라고 부른다. 지우에게 이 경차를 가리키며, 이거 누구 차야? 물으면 서슴없이 "정지우 빵빵도 몰라?" 하고 대답한다. 지우는 어린이학원을 다니면서도 월 20만원을 들여 빨간펜 학습지를 받아 별도로 과외수업을 한다.

건강이 좋지 않으신 스님은 지우가 고등학교를 졸업할 때까지 뒷바라지할 수 있는 기회가 주어지기를 소망하신다. 세상을 오래 살고 싶은 욕심에서가 아니라 철없는 어린 지우를 누구에게 맡기고 눈을 감을 것인가가 항상 걱정이시다. 지우의 저금통장도 만들어 여유가 있을 때마다 얼마씩 통장에 입금하신다.

누구든 지우를 예뻐하니까 지우는 구김살 없이 어리광도 부리고 재롱도 떤다. 말을 듣지 않을 때도 있고 떼를 쓸 때도 많다. 평상시에는 여염집 아이들과 별반 다르지 않다. 그런데 커가면서 예사롭지 않은 말과 행동을 하여 절 식구들을 놀라게 한다. 암자 식구들이 볼일이 있어서 절을 비우고 출타할 때 지우를 데리고 가려고 봉고차에 타라고 하면 “나 혼자 절에 있을께. 다녀와요” 하고 한사코 사양한다. 그래도 어린것을 혼자 두고 갈 수가 없어서 또 가자고 하면 짜증을 부리며 거절한다. 하는 수 없이 혼자 두고 다녀와서 찾아보면 벽장 속에서 참선하는 선객처럼 가부좌를 하고 앉아 있다.

“너 거기서 뭐하고 있었어?”

지우는 태연하게 대답한다.

“공부하고 있었지”

처음엔 아직 어린아이가 공부가 뭔지 알까, 하고 무심히 지나쳤는데 이런 일이 자주 반복되다 보니 생각이 달라진다.

나는 지우를 데리고 이웃 면 소재지에 있는 산동 온천장으로 목욕을 하러 다닌다. 거기 가면 어린이집에서 제일 친하게 지내는 경민이 할아버지를 자주 만나는데 경민이 할아버지도 지우를 자기 손자처럼 귀여워 해주신다. 한번은 샤워장에서 샤워를 하고 나서 보니 곁에 있던 지우가 보이지 않았다. 때마침 경민이 할아버지가 곁에 있기에 물었다.

"우리 지우 못보셨어요?"

경민이 할아버지는 손을 들어 한쪽을 가리켰다.

"지우요, 저쪽 구석에서 부처님처럼 앉아 있소".

지우는 목욕탕 구석 한갓진 쪽에서 샤워기를 틀어 놓고 물을 맞으며 가부좌를 하고 앉아 있었다.

"지우야, 뭐하고 있어? 빨리 씻고 나가자."

내 말에 지우는 또 애답지 않은 대답을 했다.

"빨리 나가고 싶은 것은 할아버지 마음이고 내 마음은 여기 따로 있으니 방해하지 말아요."

나는 지우가 일어서길 기다리며 한참을 멍하니 서 있었다. 경민이 할아버지가 아니면 어린이집에 다니는 아이가 목욕탕에 와서도 참선을 하고 앉아있다는 말을 누가 믿겠는가.

매일 아침 8시 30분이면 차에 태워 어린이집으로

가야 한다. 지우도 어린애라 가끔 가지 않으려고 떼를 쓴다. 그러면 나는 강제로 안아다 차에 태우면서 구시렁댄다.

"벌써부터 이렇게 말을 안 들어서 크면 뭐가 될까?"

며칠 전에도 그런 일이 있었다. 그런데 그날 밤, 지우가 스님의 귀에다 대고 이렇게 소곤댔다고 한다.

"할아버지는 나더러 말을 안 듣는다고만 해. 나는 아침에 꼭 기도를 해야 하는데 알지도 못하면서, 부처님께 인사도 하고 친구들하고 놀면서 다치지 않게 해달라고 기도를 해야 하는데, 할아버지는 막 어린이집에 가야 한다면서 나를 안아 가버려."

절 식구들은 자연히 지우를 예사롭지 않게 생각하기에 이르렀고, 점차 열반하신 노스님이 환생해서 오셨다고 굳게 믿게 되었다.

스님은 우리 암자에 인연이 된 아이들은 다 귀하게 키우셨지만, 그중에서도 지우에 대해선 각별하시다.

스님께서 지우에게 외국 구경시켜주고 싶다고 하셨다. 여행지를 싱가폴로 정하고 준비를 했다. 출국할 땐 스님과 지우 외에 세 사람이 동원되었다. 나는 지우가 먹을 우유와 기저귀를 한 배낭 짊어지고 따라갔고, 접이식 유모차를 들고 따라 다니는 한 사람, 경사진 곳과 계단을 오르내릴 때 지우를 업기 위한 한 사람.

스님은 지우가 원하는 것이면 무엇이건, 가능한 일이면 다 들어주시려고 애를 쓰신다. 지우의 방안에는 크고 작은 놀이기구들이 쌓여있다. 지우에게 지금 부족한 것이 있다면 친부모가 없다는 것뿐이다. 그러나 아직 지우는 아무 의심 없이 스님을 친엄마라 믿고 있다. 스님도 지우에게 모든 정을 다 쏟고 계신다. 지우는 어린이학원에서 선생님으로부터 너희들은 어머니의 뱃속에서 나왔다는 이야기를 들은 모양이었다. 한번은 말을 잘 듣지 않은 지우에게 스님께서 "너 그렇게 말을 안 들으면 아랫마을 박보살 집으로 보낸다"고 하였다. 그러자 지우는 "엄마가 나를 그렇게 미워하면 나 다시 엄마 뱃속으로 들어간다."고 하면서 스님의 내의 속으로 들어가 좁은 목 부위로 얼굴을 내밀고 나왔다. 너무나 우스워서 폭소를 터뜨렸다. 지우가 스님을 친엄마로 믿고 있는 환상이 언젠가는 밝혀지겠지만 좀 더 철이 든 다음에 알게 하려고 온 식구들이 노력을 하고 있다. 어린이학원에서도 원장 선생님에게 부탁해서 철저히 비밀로 하고 있다. 최근엔 면사무소를 갔는데, 호적상 친자가 아닌 관계로 아이를 직접 데리고 오라고 하여 지우를 데리고 가서 직원과 상담을 해야 했다. 그때 비밀이 탄로가 날까 싶어 얼굴만 잠시 보여주고는 곧 밖으로 데리고 나왔다.

수십 년간 많은 아이들을 길러왔는데, 지우가 온 후로는 경사스러운 일이 자주 생기는 것 같다. 전국에 사찰 없는 고을이 어디 있고 스님 없는 곳이 있을까만 차를 타고 지리산 노고단을 가기 위해서 암자

앞을 지나가다 공연히 마음이 끌려 들렀다면서 불전에 참배를 드리고는 신도카드에 주소를 올리고 가는 신도들이 많아진 것이 한 예다.

한 번은 스님께서 어느 사찰의 큰 행사에 참석을 했는데 거기서 만난 한 신도가 스님에게 전화번호를 물었다. 그녀는 스님에게 인자스러우신 모습이라면서 앞으로 스님의 지도를 받으며 살아가고 싶다고 무척 친근한 척을 했다. 스님이 암자 전화번호를 적어 준다는 게 실수로 외우고 있던 지우의 어린이 학원 전화번호를 적어 주었다. 그녀는 스님에게 찾아오려고 전화를 하였으나 엉뚱하게도 어린이학원이라고 하니 실망을 하고는 그 길로 다른 사찰을 찾아갔다. 그런데 알고 보니 이 신도라는 여인은 정상적인 신도가 아닌 큰 사찰을 찾아다니면서 사기를 쳐 온 전문 사기꾼이었다.

어떤 사찰에서는 근사하게 꾸미고 온 이 여인을 최상급 대우를 하며 극진히 모시었다. 거처할 방도 별

도로 꾸며서 일반전화까지도 설치해 주었다. 여인은 그럴수록 정부의 고위관리가 자기와 가까운 친척이며 한 재벌의 총수도 자기와 친한 사이라고 너스레를 떨었다. 사찰에서 추진하려다가 자금이 부족해서 방치하고 있던 사업도 자기가 서울에 한번 올라가면 다 결재를 해줄 테니 걱정하지 말고 거래해 온 대출을 받아서 일을 추진하라고 큰 소리를 쳤다. 그러면서 자기가 급한 일이 생겨서 돈이 조금 필요하니 급전이라도 구해오라고 하였다. 이 요구를 받은 주지스님은 이런 횡재가 어디 있냐 싶어 부랴부랴 돈을 꾸어다 여인에게 바쳤다.

이 사기극은 얼마 못가서 들통이 났고 주지스님이 급전을 구해다 여인에게 바쳤던 돈은 한 푼도 받지 못하고 다 떼였다. 우리 절은 하마터면 사기꾼에게 속아 크게 손해를 볼 수 있었던 일을 모면하게 된 셈이다. 이게 꼭 지우 덕이라고 할 수는 없지만, 스님이 지우를 지극히 사랑하신 결과 당신 전화번호보다 지우 어린이집 전화번호가 먼저 떠올랐던 것이니 전혀 아니라고 할 수도 없다.

스님의 고향은 경남 남해인데 부모형제가 다 부산에 살고 있어서 부산을 한 번씩 가신다. 부산을 가실 때면 꼭 지우를 데리고 가시는데 지우를 데리고 가면 광복동에 있는 롯데백화점에 들러서 지우에게 필요한 물건들을 사신다. 처음 이 백화점에 갔을 때 9층에 있는 미용실에서 지우의 이발을 한번 시켰다. 이 미용실에는 아이들이 즐길 수 있는 컴퓨터와 놀이기구들이 있었고 과자와 음료수가 준비되어 있었다. 이런 것 때문인지 지우는 이발을 할 때면 꼭 부산 롯데백화점으로만 가자고 우긴다. 그곳에 가면 지우의 단골 이발사가 정해져 있다. 나는 때로 스님에게 구례읍에도 이발소가 많은데 꼭 부산으로만 가려고 하느냐고 투덜댔다.

"꼭 지우 이발 때문에만 가는 것은 아니지요. 어머님이 병중에 계시니 돌아가시기 전에 한번 가서 보고도 싶고 그첨저첨 가는 것이지요."

스님은 이렇게 말씀하시지만, 실은 지우의 이발이 주목적이라는 것을 나는 잘 알고 있다.

스님께서 이처럼 지우의 무리한 뜻을 다 받아주시려는 것은 열반하신 노스님의 은혜가 그립고 노스님에게 미처 다해드리지 못했던 효도를 이제라도 해 드리고 싶으신 뜻에서인 듯하다. 나 역시 노스님을 생각하면 씻을 수 없는 죄인인 것만 같다. 불쌍한 나를 귀엽게 길러 주셨는데, 마지막 가시는 길에 임종을 못했기 때문이다.

노스님은 눈을 감으면서도 우리 종안이 스님 노릇 잘하라는 유언을 남기셨다고 한다. 그 유언을 내가 직접 듣지 못한 것이 사무치게 한스럽다.

이제 내가 스님 할머님께 효도하는 길은 스님 노릇을 잘하는 것이다. 그러나 나는 지금 어쩔 수 없이 승복을 벗고 비승비속으로 암자에서 처사로 생활하고 있다. 스님 할머님께서 나를 길러 주셨던 것처럼 나도 이곳에 버려진 아이들을 돌보며 살아가고 있다. 나는 이것이 스님 할머님의 뜻에 충실한 것이라고 믿고 있다. 꼭 승복을 입는 것이 부처님의 뜻을 따르는 길은 아닐 것이다. 인간으로서 충실한 것이 부처님의 뜻이 아닐까 싶다. 어찌 보면 지금까지 내가 살아온 행적이 스님 할머님의 뜻에 충실한 것일 수도 있다. 적어도 불의와 타협하지 않았고 명예와 영광을 다 버리면서도 양심을 지키기 위해 최선을 다해왔다. 나는 앞으로도 이런 신념으로 살아갈 것이다.

나는 이제 희망이 있다. 희망이 있으니 기쁘고 행복하다. 이 희망과 기쁨이 항상 함께 하기를 염원한다.

우번암 가는 길목에서

지리산골 산암山庵에서 급히 볼일이 있어서 봉고를 운전하고 구례읍으로 가는 길이었다.

천은사 아랫마을 방광리 주유소 앞을 지나려는데 도로 한가운데에 고양이 한 마리가 차에 치어 죽어 있었다. 나도 그대로 진행하면 또 고양이를 치고 갈 것만 같아서 비켜 가려는데 그때 앞에서 트럭 한 대가 오고 있어서 잠시 멈춰서 있다가 비켜 갔다. 잠시 후 읍에서 볼일을 마치고 올라오는데 이번에는 광의 초등학교 학생 수송차량을 만나서 또 잠시 쉬었다 지나가게 되었다. 길 가운데 고양이를 누가 좀 치워주었으면 좋겠다는 생각이 들었다.

암자에 온 나는 곧바로 괭이를 챙겨서 차에 싣고 다시 아랫마을로 내려갔다. 고양이를 묻어주기 위해서였다. 그런데 고양이가 죽어 있는 곳에 도착하니 이번에는 갈가마귀떼들이 고양이에게 달려들어 고양이의 창자를 뜯어먹고 있었다. 갈가마귀떼들은 괭이를 들고 그곳으로 가는 나를 원망스럽게 바라보며 쫓겨가는 것 같았다. 갈가마귀떼는 쉽게 날아가지 않고 아쉬운 듯이 내 머리 위를 한바퀴씩 돌면서 까악 까악 소리를 지르며 서서히 날아갔다.

나는 고양이를 묻어주려는 행동을 잠시 멈추고 가만히 생각을 해보았다. 내가 고양이를 묻어주면 고양이에게는 좋은 일이 될지는 모르겠지만 갈가마귀들에게는 못할 짓을 한 것이 아니겠는가! 지금 내가 하려는 이 행위가 이 우주공간을 함께 공유하고 있는 모든 인연들에게 두루 두고 두고 공감 받을 수 있는 진정한 행위일까를 생각해보았다. 그러나 쉽게 결론을 얻지 못하였다. 지금 현재를 살아가고 있는 모든 중생들은 그때 그때 형편에 따라서 (자기 입장에서) 옳고 그름을 쉽게 판단하는 것 같다.

나는 쉽게 판단이 서지 못해서 한참을 머뭇거리다가 기왕 여기까지 연장을 챙겨왔으니 그냥 고양이를 묻어주고 가야겠다 싶어서 외진 곳에다 땅을 깊이 파고 고양이를 묻어주었다. 그리고 고양이의 영혼이 부디 왕생극락하기를 맘속으로 빌었다.

암자에 돌아온 나는 곧바로 세면장에 가서 세수를 하고 법당에 들어가 오늘 내 행위에 잘못이 있다면 용서를 해달라고 부처님께 기도를 드렸다. 법당에서 나온 나는 내가 그동안 살아오면서 그때 그때 형편에 따라서 옳고 그름을 주장하며 두 눈을 부릅뜨고 외쳐왔던 일들이 과연 옳은 일들이었을까를 생각해보았다. 그랬더니 그랬을 것이라는 확신이 서지 못하였다. 그렇지만 나는 그동안 살아오면서 내 양심에 따라서 행동해왔음을 확신한다. 그러나 그동안 내 주장만을 너무 고집하며 살아온 것이 아닌가 싶기도 하다. 때로는 생명에 위험을 느끼면서까지도 내 주장을 고집해 왔다. 지나온 내 과거를 회상해보니 내 삶에 너무도 많은 굴곡들이 있어 왔고 너무 힘들었고 고달팠다. 거의 한평생을 이렇게만 살아왔다. 그렇지만 나는 지금 내 지나온 과거를 절대로 후회는 하지 않는다.

그러나 한평생을 거의 살아온 이 시점에서 내가 살아왔던 과거를 회상해보니 모든 것이 허무하다는 생각만이 가슴속에 엄습해 온다.

나는 근래에 경남대학교 백남오 교수님과 함께 지리산 차일봉에 있는 우번암에 다녀왔다. 우번암은 내가 소년시절에 일 년간 머물면서 정진을 했던 곳이었다. 젊은 시절에는 쉽게 오르내렸던 길이었는데도 이제는 가파른 산길이 너무도 버겁고 힘들었다. 산길 여기저기에는 푸르름을 자랑하며 하늘높이 우뚝 서 있던 아름드리 소나무들이 세월의 무게를 이기지 못하고 힘없이 중동이 부러져 쓰러져 앞길을 가로막았다. 나는 이런 모습들을 보면서 세월의 무상함을 다시 한번 음미했다.

세월은 세상의 부귀영화도 명예도 다 흔적 없이 거두어가고 텅 빈 가슴속에 쓸쓸한 허무만을 남겨놓는다. 길가에 늠름히 서 있던 아름드리 소나무들이 힘없이 쓰러져 있는 것은 자연의 현상이다. 내가 세상에 태어나고 늙고 결국 죽어가는 것도 이 자연의 현상일 것이다.

나는 이 자연이라는 화두를 가만히 맘속에 음미해본다. 자연을 알 것 같으면서도 모르겠고 그저 알쏭달쏭하기만 하다.

산 고개 넘어 숲속에서 뻐꾹새 울음소리가 솔바람 향기와 함께 아련하게 울려와 마음을 평화롭게 해준다. 아~~ 이런 것이 자연이 아닐까 싶어진다.

인생은 빈손으로 왔다가 한순간 머물다가 다시 빈손으로 돌아가는 쓸쓸한 나그네 길이다.

우리 일행은 우번암에서 내려오다 잠시 바위 위에 앉아서 쉬었다. 쓰러져 있는 소나무들의 속삭임이 조용히 들려오고 있었다. 부디 세상 살아가면서 허세부리지 말고 내가 남긴 흔적들이 내 인연들에게 누가 되지 않게 진실하게 살아가라고 속삭이고 있었다.

이때 솔바람 청풍이 쏴아 하고 불어와 얼굴에 흘러내리는 땀방울을 식혀주고 지나갔다.

할머니 스님과 엄마 스님

나는 태어나는 순간부터 철저히 고독해야만 되는 운명이었다.

나는 지리산 자락의 천은사 옆 용념이골이라는 화전민 서너집이 사는 골짜기에서 태어나 한 고개 너머에 있는 여승암女僧庵문전에 강보에 싸여 버려졌었다. 내가 생후 몇 개월 만에 이곳에 맡겨졌는지는 알지 못한다.

왜 나의 어머니는 무정하게도 어린 나를 이곳에다 두고 어디론가 떠나셨는지 그 이유도 알지 못한다. 내 기억에는 아직껏 어머니의 얼굴을 단 한 번도 본

적이 없기 때문이다. 어렸을 때는 길거리의 여인들을 보면 혹시 이분이 나의 어머니가 아닐까 싶은 기대감으로 쳐다보곤 했었다. 나는 어머니의 얼굴을 알지 못하지만 어머님은 나를 알아보실 것으로 믿었기 때문이었다.

그러나 끝내 나를 모른 척 지나가는 그분들의 뒷모습을 바라보는 나의 가슴은 너무도 싸늘하였고 두 눈에서는 뜨거운 눈물이 흘러내렸다.

나는 이 여승암에서 인자하신 스님들의 보호를 받으며 자라서 초등학교에 입학을 하였다. 나는 매일 시오리나 되는 거리를 인적 하나 없는 으슥한 산속 숲길을 걸어서 학교에 다녀야만 되었다.

그러나 초등학교 1학년 때 여수에서 14연대의 반란사건이 일어나 반란군들이 정부의 진압군에 쫓겨 지리산으로 스며들었고 반란군들은 매일 밤 지리산 인근 마을에 내려와서 식량을 약탈해 가는 바람에 우리는 암자에서 살지 못하고 아랫마을로 피난을 가야만 되었다.

나는 나를 길러주신 연세가 많은 여스님을 스님이라고 부르지 않고 할머니라고 불렀다. 아랫마을로 내려간 며칠 후부터 스님 할머니는 상좌스님과 함께 등에 바랑을 메고 이웃 마을로 탁발(동냥)을 하러 나가셨다. 할머니 스님이 탁발을 나가시면 나는 어깨에 망태를 메고 가까운 솔밭으로 솔방울을 주우러 다녀야만 되었다. 그래야 밥을 지어 먹고 차가운 방에 군불을 지필 수가 있었기 때문이다. 이때 주인집 아이들은 책가방을 들고 학교에 가고 나는 매일 마을 머슴들을 따라서 산으로 땔나무를 하러 다녀야만 되었다.

이러다 보니 나는 초등학교 6학년을 1년도 다니지 못하고 졸업을 하게 되었다. 월사금도 내지 않았다고 졸업장도 주지 않아서 나는 지금껏 초등학교 졸업장도 없다.

몇 년 후 지리산으로 스며든 반란군들이 다 소탕이 되어 우리들은 그 지긋지긋한 피난살이의 고통에서 벗어나 예전에 살던 암자로 다시 돌아올 수가 있었다.

이때 할머니 스님께서는 나에게 이렇게 말씀을 하시었다.

"너도 이제 나이도 먹고 했으니 비구니 처소에서 같이 살 수가 없다. 그러니 아래 천은사로 내려가서 은사 스님을 정하고 스님 노릇을 하도록 하여라."

나는 스님 할머니의 분부대로 아래 천은사로 내려가서 사미계를 받고 스님으로서 내 인생 첫 출발을 시작하게 되었다. 그러나 이때는 불교정화가 완성되기 전이어서 전국 어느 사찰을 가나 본 · 말사들은 거의가 다 대처승들이 운영을 하고 있을 때였다. 나는 대처승의 상좌로 승려생활을 시작하게 되었다. 대처승들의 승려생활은 무질서하고 무원칙하였다. 매일 도벌꾼들이 산에서 나무를 베어가는데 임원 스님들은 주로 나에게 이 도벌꾼들을 지키라는 명을 내리셨다. 나는 죽자 살자 산천을 쫒아 다니면서 도벌을 막고 마차에 싣고 가는 도벌목을 사찰로 압수를 해왔다. 주로 통 크게 도벌을 해가는 사람들은 주지나 임원 스님들의 가까운 일가친척인 경우가 많았다. 압수를 해다 놓은 도벌목도 하룻밤 자고 일어나면 밤새 다 가져가고 없었다. 이런 일들은 주지나 임원 스님들의 허락 없이는 있을 수 없는 일이었다.

이런 일들이 자주 있다 보니 나는 임원 스님들과 갈등이 생겼고 주지로부터는 미움을 받게 되었다. 어려서부터 절에서만 자라온 나는 이런 대처승들 속에서 언제나 물 위에 떠다니는 기름덩이와 같았다. 내가 이 대처승들에 비해서 양심이 더 깨끗했기 때문인 것은 아니었다. 첫째 나는 이웃에 가까운 일가친척이 없었고 친하게 지내는 지인도 없었기 때문이었다. 결국 나는 터무니 없는 이유로 승적에서 제적까지 당하게 되었다. (이것은 정당한 제적이 아니었다)

한번은 사찰에 문화재 도둑이 들어 불화 몇 폭을 도난을 당했었는데 경찰에서는 주지에게 혹 의심이

가는 사람은 없느냐고 질문을 하였는데 그때 주지는 나를 지적을 하였다. 당연히 나는 경찰서에 불려가서 호되게 조사를 받았고 하루 한번씩 찾아가서 문안 인사를 드리고 있는 스님 할머니가 계시는 암자까지도 수색을 받아야만 되었다.

이렇게 나를 극도로 미워하던 대처승들은 나에게서 더 이상 흠잡을 것이 없으니 이번에는 할머니 스님이 계시는 암자까지도 간섭을 하고 나섰다. 첫 번째는 겨울 군불용으로 산에서 인부들을 시켜서 해다 놓은 화목을 시비하고 나섰다. 주지는 머슴을 시켜서 암자의 나무창고에 쌓아둔 화목을 큰절로 압수를 해가려고 하였다. 이를 저지하는 과정에서 내가 머슴의 빰을 한 대 때린 것이 화근이었다. 주지는 머슴을 치과에 데리고 가서 원래 치료를 받아야 되는 치아를 치아가 흔들린다면서 3주 진단서를 발부받아 나를 고소케 하여 경찰에서는 구속영장을 신청하도록 하였다. 나는 그날 밤 생전 처음으로 경찰서 유치장에서 밤을 새워야 되었다. 첫 번째 영장은 검찰에서 기각이 되었는데 이번에는 옆구리가 결린다고 진단서를 발부받아 또 영장을 청구하도록 하였다. 상해 5주 진단으로 영장을 두 번이나 청구를 하였으나 이번에는 법원에서 영장이 기각되었다. 사필귀정이었다. 수행을 하려고 출가를 하였으나 내 승려 생활은 이렇게 기구한 운명으로 바뀌어가고 있었다.

견디다 못한 나는 이 속 터지는 사연들을 세상에 널리 알리고 싶어서 1980년도 신동아 논픽션 공모에 글을 적어 응모를 하였다. 다행히 내 글이 당선이 되어서 세상에 널리 알려지게 되었다.

내 작품이 신동아에 발표되자 전국의 애독자들은 물론 해외 교민들까지도 격려의 편지를 매일 몇 십 통씩 보내와서 많은 위로를 받았다. 지금도 기억되는 분은 전남 해남이 고향인 캐나다 토론토에 사시는 박기호씨다. 그는 내 건강을 챙기는데 보태쓰라며 얼마간의 달러와 비타민을 보내오기도 하였다. 늦었지만 더운 마음으로 감사의 뜻을 다시 한번 전하고 싶다. 그런데 이즈음 또다시 큰 태풍을 만나 내 생활에 파란이 일어날 줄 꿈에도 몰랐었다. 내가 태어나서부터 지금껏 자라왔던 이 정든 천은사에서 짐을 꾸려 떠나야만 되는 처지로 몰리게 되었다. 내 작품 "인간 송충이들"이 신동아에 발표되자 교단의 분위기는 긍정과 부정으로 갈리고 있었다. 긍정 쪽은 할 말을 시원하게 잘했다는 것이었고 부정하는 쪽은 교단 내에서 일어난 일을 교단 내에서 조용히 해결하지 않고 만천하에 떠들어대는 것은 수행인으로서 적절치 못하다는 것이었다.

이 무렵 어느 날 법정스님께서 불쑥 찾아오셔서 내 글을 잘 읽었노라고 격려의 말씀을 해주시고 가시었다. 이때 나를 쫓아내는 데 앞장섰던 불교계 인사로는 천성산 터널 공사와 새만금 간척사업을 반대하는 데 앞장 섰던 S스님이 있었다. 이들은 나에게 짐을 싸가지고 천은사를 떠나가라는 말은 절대 하지 않았다.

내가 이곳에 붙어 있지 못하도록 애를 먹이고 있었다. S스님은 어느 날 내가 오랫동안 사용해오던 방에 찾아와서 방을 수리를 해야 되겠으니 딴 곳으로 옮기라며 허름한 구석진 방을 하나 내주었다. 내가 문풍지를 바르고 흙을 이겨 망가진 부엌을 고쳐서 그 방으로 옮긴 지 채 한 달도 되지 않았는데 그 방도 수리를 해야 되겠으니 옮기라고 채근했다. 나는 이렇게 반년 동안 다섯 번이나 방을 옮기고 여섯 번째 옮기라는 말을 듣고는 짐을 싸서 천은사를 떠나지 않을 수가 없었다.

지리산 골 깊은 산간마을 '하늘 아래 첫 동네'라 불리는 심원마을로 찾아들었다. 나는 이곳에서 토종벌을 기르며 내 삶을 조용히 마무리하고 싶었다. 허나 나는 이곳에서마저 토막 하나를 지었는데 뜯겨야 되었고 천막을 치고 지내는데 식량을 구하려고 시중에 다녀와서 보니 이 천막마저 누가 칼로 갈기갈기 찢어놓았었다. 나는 어차피 한번 왔다가는 인생 생을 포기하고도 싶었으나 이것도 마음대로 되지 않았다. 나에게 생은 한없는 고통이었다. 숱한 우여곡절 끝에 무정한 세월은 흘러 내 인생도 이제 황혼기를 맞았다. 내가 어려서 자라왔던 암자에서 지금까지도 문전에 버려지고 있는 불쌍한 아이들을 보살피고 계시는 스님을 도와드리고 있다. 내가 어려서 보살핌을 받았던 은혜에 보답하는 일이라고 생각하며 성심껏 도와드리고 있다.

나는 하루 세 차례씩 이십 리 길 구례읍에까지 암자에서 지우를 차에 싣고 데려다 주고 데려오곤 한다. 오전 8시에 읍내 초등학교에 등교시키고 하오 2시에 학업을 마치고 나오면 또 가서 학원에 데려다준다. 마지막으로 하오 5시에는 태권도 도장에 가서 데리고 와야 내 하루 일과가 끝나는 것이다.

나는 이 지우를 올해로 7년째 데리고 다니는데 한 번도 귀찮다고 생각해 본 적은 없다. 씩씩하게 자라고 있는 모습을 보면 흐뭇하고 즐겁다.

스님은 이 지우에게 모든 정성을 다 바친다. 교육보험은 물론 백세보험까지도 다 들어주고 계신다. 지우는 마냥 행복한 모습이다. 내가 어려서 나를 길러주셨던 여스님을 할머니라고 불렀듯이 지우도 지금 저를 애지중지 길러주신 여스님을 스님이라고 부르지 않고 엄마라고 부른다.

여러 신도님들 앞에서 스스럼 없이 "엄마 나 용돈" 한다.

진실

필자가 본문에서 밝히고자 하는 것은 여순사건의 진실임을 말해둔다.

1948년 4월 3일 제주도에서 남로당의 사주를 받은 일부 주민들이 단독선거 단독정부 수립반대를 외치며 무장봉기를 일으켰다.

당국에서 이를 진압하는 과정에서 수많은 인명피해가 발생하였다. 이 사건을 제주도의 4.3사건이라고 불러왔다.

당국의 이런 제지에도 불구하고 이 소요사태의 여진은 진정되지 않고 더욱 거세지자 정부는 이를 진압하기 위해서 여수 주둔 14연대를 파견하려고 하였으나 이 명령을 거부하고 반기를 들고 일어난 사건을 우리는 그간 여수 14연대 반란사건이라고 불러왔다.

세월이 흘러 이제 그 사건이 반란이 아닌 민중항쟁이라고 재해석 되고 있다.(김용옥, 『우린 너무 몰랐다』)

여수 14연대는 정부의 명령을 거부하고 반기를 들면서 병사위원회의 명의로 여수인민보에 성명서를 발표하였다.

"애국 인민에게 호소함.

모든 애국 동포들이여, 조선인민의 아들인 우리는 우리의 형제와 동포를 죽이러 가는 제주도 파병을 결사 거부한다. 우리는 조선인민의 이익과 행복을 위해 싸우는 진정한 인민의 군대가 되려고 봉기하였다."

나는 이 14연대가 성명서에서 말하고 있는 형제애와 동포애의 애민정신을 진심이라고 믿고 싶다.

허나 우리는 이 역사적인 사건의 정체성을 정확하게 파악하기 위해서는 성명서 내용 하나만을 보고 할 것이 아니라 그 사건 발생 동기와 함께 사건의 진행 과정과 그 사건으로 인해서 결과되는 모든 문제점도 다 같이 포함해서 평가를 해야 된다고 생각한다.

그러기 위해서는 14연대가 여수 신월동 주둔지를 뛰쳐나와서(10월 19일) 해왔던 일들을 처음부터 끝까지 살펴볼 필요가 있다.

14연대 병력은 삽시간에 순천에 들이닥쳐 벌교, 보성, 광양, 구례로 진입해 왔다. 그리고 첫 번째로 시작했던 일은 좌익과 우익인사를 가리고 지주와 소작인을 구분하며 우익인사와 지주들은 무조건 인민재판을 열어 처형부터 시작하였다.(안규수, 『에세이스트』 55호 「손가락 총」, P.46)

이런 만행을 매일 일삼던 이들은 정부의 진압군이 진격해 오자 지리산으로 스며들었다.(10월 23일)

지리산으로 스며든 김지회, 홍순석, 지창수 일당 800여명은 그 다음날 밤부터 지리산 주변 인근 마을에 내려와서 식량을 약탈해 갔다. 입에 풀칠하기도 어려운 가난한 농가에 내려와서 농사짓는데 꼭 필요한 소 등의 가축들을 닥치는 대로 약탈해 갔다. 식량을 내어놓으라는 위협 앞에서, 없다고 사정을 하면 내일 아침거리는 있을 것이니 그것이라도 내어놓으라고 총칼을 들이대었다.(당시 주민들은 이들을 반란군이라고 불렀다)

반란군은 떼로 몰려와서 한편에서는 위협을 하고 일부는 숨겨둔 식량을 찾아내기 위해서 대창으로 여기저기 구석구석을 쑤시고 다녔다. 이들 반란군은 처음에는 좀 순수한 편이었으나 날이 갈수록 짐승처럼 포악해져 갔다. 불행하게도 숨겨둔 쌀자루가 발견되면 위대한 인민 해방군을 속였다며 대창으로 찌르거나 처참하게 죽였다. 사람의 목숨이 이들의 기분에 따라서 파리목숨과 같았다.

나는 이때 초등학교 일학년의 어린 나이로 지리산의 산암山庵에서 살다가 마을 민가로 피난 나와 살면서 이런 비참한 일들을 체험하였다. 14연대를 합리적으로 해석하려는 사람들은 이런 일들은 사전에 예측하지 못했던 일로서 생존을 위한 자위수단으로서 극한상황에서 어쩔 수 없는 일이라고 말할지는 모르겠다.

그러나 여기 『주철희의 동포의 학살을 거부한다』, P.25를 읽어보자

"14연대 병사들은 군인의 사명이 무엇인지를 전혀 모르는 무지몽매한 이들이 아니었다. 그들은 명령을 거부함으로써 감수되는 문제의 고심을 거듭하였다."

이들은 명령을 거부함으로써 빚어질 수 있는 제반 문제들을 다 예측을 하고 있었다는 것이다. 이들 반란군들의 만행은 생존을 위한 최소한에서 머물지 않고 날이 갈수록 더욱 극악무도하고 천인공노할 짓을 계속 이어 갔다.

나는 이런 일도 당했었다. 밤중에 총소리가 콩 볶듯이 들려와서 식구들은 이불을 뒤집어쓰고 방바닥에 엎드려 있었는데 갑자기 문짝이 불길에 타오르고

있었다. 너무도 뜻밖의 일이어서 우리들은 자던 옷차림으로 빠져나와 논두렁 밑에 엎드려서 이 불길을 쳐다보며 애를 태웠었다. 날이 밝아 식구들을 찾아보니 나를 길러주신 스님 할머니가 보이지 않았다. 주변을 찾아보니 할머니는 불길을 끄려다가 반란군의 총검에 옆구리를 찔려서 왼쪽 갈비뼈가 부러진 상태로 가까운 논두렁 밑에 쓰러져 있었다.

할머니만을 의지하며 살던 나는 천지가 무너지는 듯한 절망감에 눈물도 나오지 않았다.

이날 반란군이 지른 불길에 가옥 46채가 소실되고 민간인 희생자는 11명이라고 『광의면지光義面紙』는 P.141에서 기록하고 있다

이런 만행 외에도 반란군은 세를 과시하기 위해서 자주 백운산과 지리산 봉우리에 봉화불을 피워올리고 경찰서까지도 습격을 하였다.(10월 24일) 심지어 군부대까지도 공격을 하였다. 당시 남원에 주둔하고 있던 북부지구 토벌사령부의 원용덕 사령관이 구례 주

둔 12연대장 백인기 중령에게 작전회의를 위해서 남원으로 출두하라고 명했다. 반란군들이 산동지서를 습격하고 경비전화를 도청하고는 남원으로 넘어가는 길목에서 매복을 하고 있다가 습격을 하여 호위헌병 6명이 즉사하고 백인기 연대장은 산동면 시상리 대밭으로 피신하였다. 반란군들이 여기까지도 추격을 해와서 결국 백인기 중령이 권총으로 자결하는 사건까지도 있었다.

지금도 시상리 마을 앞에는 백인기 연대장의 추모비가 세워져 있어서 그날의 애석함을 증언하고 있다. 밤이면 반란군이 마을에 내려와서 쑥대밭을 만들었다. 날이 새면 연대장을 잃은 토벌 군인들이 마을에 나타나서 피해현황을 조사한다면서 강제로 반란군에게 끌려가 짐이라도 져다 준 사실이 밝혀지면 반란군을 도와주었다는 이유로 가차없이 또 총살을 했다. 그저 힘없고 불쌍한 민초들만 억울하게 이리 죽고 저리 죽어갔으나 어디다 이 억울함을 하소연할 곳도 없었다.

할아버지 조정순씨가 광의면 방광리 이장을 했다는 이유로 우익으로 몰려서 아버지 조광진씨와 작은 아버지 조광신씨까지도 한 집안에서 세사람이 죽임을 당한 방광리 거주 조귀녀(81세)씨는 당시를 이렇게 회상하고 있다.

"아이고 그 때 일을 생각하면 지금도 이가 갈려서 말이 잘 안 나오요. 세상에 사람을 곡괭이로 찍어서 죽이는 징헌 놈들이 어디가 있단 말이오.

그놈의 반란군 놈들 생각만 해도 이가 갈리고 치가 떨리요."

팔순이 넘은 조귀녀 할머니는 당시를 이렇게 회상하며 눈시울을 붉혔다.

이 지리산의 14연대 반란군 일당 800여명이 완전히 소탕되어 없어질 때까지 지리산에 인접해 살고 있는 많은 주민들은 매일 밤 이런 공포에 떨면서 살아야만 되었다.

이 무고한 양민을 학살하고 가난한 농민을 약탈하고 고요하고 평화롭던 고장을 피비린내 나는 공포의 분위기로 떨게 한 원인은 무엇이었을까?

그 답은 정부의 명령을 거부하면서 14연대가 발표했던 형제와 동포의 학살을 거부한다는 성명서 속에 숨겨져 있다.

대부분의 사람들은 여수 14연대 사건을 제주도의 4.3사건과 연계해서 생각하면서 제주도의 파병은 곧 제주도 양민을 죽이러 가는 것이기 때문에 파병 거부는 민중항쟁이라고 생각을 하고 있는 것 같다. 그러나 그것은 착각이다. 14연대 사건은 파병이 불발되고 나서부터가 주류를 이루고 있기 때문에 파병 거부 이유 하나만을 가지고 평가하는 것은 옳지 않다고 생각한다.

내가 여기서 민중항쟁이라는 견해를 착각이라고 말하는 것은 14연대는 형제애와 동포애의 애민정신이 넘쳐나는 성명서를 발표하고는 그 성명서의 잉크가 마르기도 전에 내 이웃인 우익인사와 지주들을 데려다가 무참히 총살을 시작했기 때문이다. 내가 보기에는 14연대는 이 성명서를 명분으로 다른 목적을 계획하고 있었던 것 같았다. 이 사실은 여순사태 이후 6.25동란을 겪어오면서 우리가 체험해온 근현대사가 말해주고 있다.

제주도민과 이곳 우리들은 다 같은 한 민족 한 핏줄의 단군 할아버지의 자손들이다.

나는 지금 분연히 외치고 싶다. 좌익이든 우익이든 그 어떠한 명분으로도 인명을 살상하는 것은 나쁜 죄악이라고. 아무리 진보와 보수의 세태에 따라서 시대정신은 변해도 태어난 목숨이 살고 싶어하는 천성은 변하지 않는다.

지금 세상에서 제일 보호되어야 할 가치는 나와 이웃이 다 함께 행복하게 살아가는 데 필요한 사랑과 자비다. 천상천하에서 제일 소중한 것은 지금 이 순간 숨쉬고 있는 나의 삶이기 때문이다.

끝으로 여순사건을 민중항쟁이라고 말하는 사람들에게 다시 한번 구례군 광의면 방광리에서 지금도 두 눈 똑바로 뜨고 살아있는 조귀녀 할머니의 한맺힌 절규를 들려주며 이만 펜을 놓는다

"아이고 그 때 일을 생각하면 지금도 이가 갈려서 말이 잘 안 나오요.

세상에 사람을 곡괭이로 찍어서 죽이는 징헌놈들이 어디가 있단 말이오.

그놈의 반란군 놈들 생각만 해도 이가 갈리고 치가 떨리요."

남의 자식이란

내 속으로 난 내 자식이 아닌 남의 자식이란 다 그런 것인가? 아이들이 똥오줌 가려 애지중지 길러서 중고등학교를 마치고 나면 대부분 몰래 버리고 갔던 부모가 나타나서 데리고 간다. 물론 고아였던 아이에게 부모가 나타났으니 아이는 부모를 따라가야 하는 것은 당연한 일이다. 하지만 아이들을 데리러 오는 부모들은 한결같이 사전에 말 한마디 없이 마치 물품 보관소에 맡겨두었던 물건이나 찾으려고 온 것처럼 내가 아무개의 부모요! 하고 불쑥 나타난다. 이 “내가 아무개의 부모요.” 하는 말은 이제는 아이를 데리고 가야 되겠으니 돌려달라는 묵시적인 요구였다. 몰래 대문 앞에다 버리고 갈 때는 언제고 이제 와서 무슨 소리냐고 따져 묻고 싶지만 핏줄을 만난 아이들은 금방 제 부모인 줄 알아보고는 반가워한다. 아이들이 즐거워하는 모습을 보신 스님은 서운하고 아쉬운 정情 다 접으시고 그동안 길러오면서 찍어둔 생일 사진첩과 옷가지들을 챙겨서 가방에 담아 아이의 손에 들려 부모에게 딸려 보낸다. 스님은 떠나가는 아이의 뒷모습은 차마 쳐다보지 못하시겠는지 어서 잘 가라는 말 한마디를 남기시고는 법당으로 들어가셔서 부처님께 참배를 드리신다. 스님은 정주어 기르던 아이들을 떠나 보낼 때가 제일 견디기가 힘드신 인고의 순간이신 것 같았다. 인생은 역시 회자정리會者定離인가보다. 이렇게 부모가 나타나서 데려가지 않은 아이들은 사춘기가 되면 또 이성을 만나서 간다온다 말 한마디 없이 절을 떠나간다. 떠나간 아이들 중 이슬이가 제일 기억에 남는다. 유독 기억에 남는 이유는 그만큼 스님의 속을 썩이고 애를 태우다 떠나갔기 때문이다. 이슬이는 1999년 11월 12일 초저녁에 절 대문 앞에 버려진 아이였다. 날이 어두워지는데 대문 앞에서 인기척이 들려와서 나가보니 세살쯤 되어 보이는 아이가 서 있고 곁에는 옷 보퉁이가 하나 놓여 있었다. 아이를 방으로 데리고 와서 재우려고 옷을 벗기는데 주머니에서 메모가 하나 나왔다. 펼쳐보니 이런 내용이었다.

"애비는 교통사고로 죽고 어미는 가출을 하고 할미인 내가 기르기가 너무도 힘들어서 염치 불구하고 아이를 두고 갑니다."

스님은 또 인연이 있어서 찾아온 아이구나 하고는 다른 아이들과 함께 길렀다. 이 아이는 밤이슬을 맞고 들어온 아이여서 스님께서 이름을 이슬이라고 지으셨다. 그런데 이 이슬이는 유독 음악을 좋아하는 것 같았다. 스님께서 외지에 볼일이 있어서 출타를 할 때면 꼭 봉고차에 이슬이를 데리고 다니셨는데 때로 음악을 틀어놓으면 흘러나오는 음악의 리듬에 맞추어 어깨춤을 추는 것이 일품이있다. 마치 전문학원에서 상당한 기간을 교육을 받은 아이처럼 몸의 율동이 자연스럽고 아름다웠다. 그래서 예능에 재능이 있는 것 같아서 유치원 때부터 국악을 가르쳤다. 유치원 때는 군 내에 있는 국악선생님에게서 배웠지만 초등학교에 입학하면서부터는 국악의 고장인 남원 국립국악원에다 등록을 시켜서 가르쳤다. 이슬이가 초등학교에서 수업을 마치면 나는 정문에서 기다리고 있다가 차에 태우고 남원 국악원으로 갔다. 일주일에 두 번씩 가야만 되었다. 이때부터 명창 이난초 선생님의 문하에 들어가 주말이면 선생님의 국악교습소가 있는 광주로도 다녀야만 되었다. 광주에 가면 서울과 부산에서도 배우러 오는 문하생들이 있어서 먼저 가서 차례를 기다려야 되기 때문에 항상 바빴다. 눈이 오나 비가 오나 남원과 광주는 빠짐없이 다녔다.

이슬이는 재능이 있어서 배우는 과정에서 대회가 있어서 출연을 하면 그때마다 등수에 들어서 상을 타왔다. 부상으로 상금을 타오면 금전적으로는 이익보다는 손해가 많았다. 몇 푼 안되는 상금보다는 상을 받았기에 주위에 대접하는 접대비가 훨씬 많았다. 이런 것 외에도 국악은 돈이 들어가야 하는 경우가 많았다. 첫째로 명창 선생님의 많은 제자들 중 완창 발표회가 자주 있었다. 그러면 서울이건 부산이건 완창 발표회가 있는 공연장을 찾아가서 축하를 해주는 것이 같은 문하생으로서 예의다. 공연장에 가면 축의금 봉투가 있어야만 된다. 나도 언젠가는 완창발표회를 할 것이기 때문에 꼭 찾아가봐야 한다는 쪽으로 분위기가 조성되어 있다. 공연장에 어린아이 혼자만 보낼 수는 없는 일이어서 보호자가 따라가야만 된다. 여름 · 겨울방학 때마다 십여 일씩 합숙으로 수련회를 한다. 이 수련회비가 보통이 아니다. 또 2년마다 한 번씩 무대에 출연할 때 입고 나갈 의상을 준비해야만 되는데 입고 벗는 두벌이 필요했다. 무대에 나서면 누가 더 노래를 잘 하는가에 앞서 누구의 의상이 더 화려한가로 우선 평가를 받는다. 의상집에 몸의 치수를 재려고 아이를 데리고 가면 철없는 아이는 곱고 비싼 옷감만을 고집한다. 국악을 배우려면 북도 전문 기능인에게 가서 맞추어 와야만 되었다. 그래저래 아이(초등생) 하나 국악을 가르치는데 일 년간 들어가는 비용이 일천만 원이 넘었다.

이슬이는 2008년 초등학교 5학년 때 전주국악대회에서 전국 초등부 대상을 수상했다. 그리고 다음해인 6학년 때 남원 대회에서도 대상을 수상했었다. 구례 좁은 고을에서는 물론이고 국악에 관심이 있는 많은 사람들이 모두가 다 이슬이를 부러워했었다. 초등학교에서 이슬이의 인기는 최고였다. 이슬이는 초등학교 총학생회장 선거에서 경쟁자인 남학생을 누르고 학생회장에 선출되었다. 남원에서 두 번째로 대상을 수상했을 때는 스님은 너무도 기뻐서 전교생들에게 빵과 우유를 하나씩 돌렸고 학교 선생님들도 식당으로 초대해서 저녁식사를 대접해드렸다. 이런 일들은 이슬이가 문전에 버려졌던 불쌍한 아이였기에 더욱 정으로 보살피고 싶은 스님의 배려인 것이었다.

이슬이가 2010년에 구례 광의초등학교를 졸업하고 중학교에 입학하고부터는 이성을 알고 빗나가기 시작하였다. 학교에서 수업을 마치면 암자 앞을 지나서 노고단을 왕래하는 관광버스가 수시로 있었으나 남학생들과 놀다가 밤 늦게서야 택시를 타고 와서 스님에게 택시비를 내라고 졸랐다.

중학교 2학년 때였다. 학교에서 돌아온 이슬이는 스님에게 학교에서 선생님이 오늘은 학급 단체로 고기를 먹으러 가는 날이니 각자 돈을 가져 오라고 했으니 돈을 달라고 하였다. 학급 단체로 간다는 말에 스님은 이슬이의 말을 믿고 몇만 원의 돈을 주었다. 돈을 타간 이슬이는 그날 밤 12시가 되어도 돌아오지 않았다. 같이 길러서 대학을 졸업하고 직장에 다니고 있는 보리에게 진화를 해보라고 했더니 엉뚱하게도 진주에서 있다는 연락이 왔다. 보리가 차를 가지고 진주로 찾아가니 찜질방에서 또래 남학생들과 어울려서 담배까지 피우고 있있다. 중학교 3학년때는 가출을 했었다. 학교에 간다고 나간 이슬이가 2일이 지나도 들어오지 않았다. 학교로 찾아가 봤더니 다행히 담임선생님은 이슬이의 소재를 알고 있었다. 담임선생님이 알려 준대로 충남 홍성고등학교 2학년 7반 유○훈(담임선생님 서종화)를 찾아가서 이슬이를 만나 데리고 왔다.

홍성으로 가출을 했다가 돌아온 이슬이는 국악에도 별로 관심이 없었다. 광주 국악교습소에 가기 위해서 학교 앞에서 기다리고 있어도 이슬이가 나오지 않아서 교실로 찾아가봤더니 학생들은 이미 다 귀가를 하고 교실은 텅 비어 있었다. 남학생들을 만나려고 후문으로 빠져나간 것이었다. 스님은 제 장래를 위해서 소질이 있는 국악을 가르치려고 백방으로 애를 써보아도 이슬이는 스스로 어긋나고 있었다. 어렵게 중학교를 졸업하고 고등학교는 남원예술고등학교 국악과에 입학을 시켰다. 예술고등학교는 기숙사가 있어서 기숙사비를 주어서 기숙사에서 기거를 하도록 하였는데 이슬이는 기숙사에도 들어가지 않고 그 길로 영 가출을 하고 말았다. 이제는 어디로 갔는지 영 찾을 길이 없었다. 두 번째 가출하고 시간이 흐르자 이슬이가 스님을 팔아 여기저기서 꾸어간 돈의 청구서가 날아 들어왔다. 스님이 잘 알고 항상 거래를 하는 곳은 물론이고 전혀 알지도 못하는 병원, 약국, 주유소, 서점 등에서도 적게는 몇 만 원에서 몇 십 만 원씩을 다 꾸어갔다. 남원에 있는 신도네 집에도 찾아가서 돈을 꾸어갔다.

스님은 전생에서 진 빚으로 생각하고 몇 백 만 원의 돈을 다 갚아드렸다.

이슬이가 이렇게 암자를 떠나간 지 몇 년이 지난 지금까지도 이슬이의 빚 독촉장이 암자로 날아오고 있다. 때로는 이슬이의 소재를 묻는 전화와 함께 이슬이가 아직은 미성년자이니 그 보호자가 돈을 갚아야 된다는 협박성 전화가 오는 경우도 있다. 그간 몇백 만 원씩의 독촉장이 수 차례 배달되어 왔다.

제3부

어느 천도식

무정한 세월 · 나무의 지혜 · 어느 천도식 · 고향 · 승자의 길 · 어떤 이야기

무정한 세월

세월은 화살보다는 더 빠르게 흘러가는 것만 같다. 내가 지리산 산골에서 벌통을 짊어지고 이곳 스님 할머님이 계신 암자로 거처를 옮긴지도 어언 삼십년이 넘었다. 그간 나를 길러주셨던 스님 할머님은 열반을 하셨고 암자도 그전 모습과는 달리 많이 변했다. 낡아 비가 새던 가람은 다 중수를 해서 새로운 모습이다. 그동안 생후 2개월도 못 된 핏덩이로 대문 앞에 버려진(90년 4월 17일 밤) 아기를 길러서 대학까지 졸업시켜 농어촌공사에 다니고 있던 하나 남은 보리마저 얼마 전에 스님과는 아무런 상의 한 마디 없이 직장에 사표를 내고는 스님 곁을 떠나갔다. 풍문에 들려오는 바에 의하면 보리가 현대건설 직원과 결혼을 해서 살림을 차렸다는 소식이다. 좋은 인연이 있어서 간다면 축하를 해주었을 텐데 누가 방해를 할까 싶어 말 한마디도 없이 무정하게 떠나가고 말았다. 보리가 순천 청암대학 야간학부를 다닐 때는 차로 순천에까지 데리고 가서 수업을 마칠 때까지 기다렸다가 데리고 오곤 하였다. 스님에게 하해와 같은 은혜를 입었기에 차마 스님 곁을 떠나간다는 말을 할 수가 없어서 그랬을지도 모를 일이다.

이제 그들도 세상 풍상을 겪어가면서 자식을 낳아서 길러보면 스님의 은혜에 대한 무게를 느낄 수가 있으리라고 본다.

아이들이 다 떠나가고 난 산암山庵은 적막하고 쓸쓸하다. 절을 운영하고 계신 상좌스님도 이제 연세가 칠십이 넘으셨고 건강도 좋지 않으시다. 관절이 좋지 않아 양무릎을 수술하셔서 보행도 불편하시다. 이제는 아이가 절에 들어와도 기르시기가 힘드신 형편이다. 헌데 또 누가 아이 하나를 우리 암자 대문 앞에 두고 갔다. 2013년 9월 2일 초저녁이었다. 이번에는 처음으로 남男이었다. 남기고 간 메모를 보니 생후 삼 개월째 되는 떡아기였다. 주위에서는 모두가 이 아기를 기르지 말고 다른 곳에 보내라고 스님에게 건의를 하였다. 지금까지 수많은 아이들을 길러왔지만 결국은 스님의 가슴에 서운함만을 남기고 떠나갔기 때문이었다. 스님은 그렇지만 인연이 있어서 찾아온 아이를 어떻게 남의 집으로 보내겠느냐며 망설이셨다. 이 무렵 나는 이상한 꿈을 꾸었다.

십여 년 전에 열반하신 스님 할머님이 살아 생시처럼 대문 안으로 들어오시면서 "전에 살던 곳이라 다시 찾아 왔다" 이렇게 또렷이 말씀을 하시었다. 아기가 절에 들기 꼭 삼일 전날 밤 꿈이었다. 꿈을 깨고 나서 생각을 해보니 이미 열반을 하신 스님 할머님이 살던 곳이라 다시 찾아왔다는 것은 현실적으로는 도저히 불가능한 일이기에 괴이한 일이라고 생각을 하고 있었는데 이렇게 아기가 들어온 것이었다.

불가에서 윤회와 인과를 믿고 살기에 나는 혹시 이 아이가 스님 할머님이 다시 환생을 해서 찾아오신 것이 아닌가 싶은 생각이 강하게 들어서 스님에게 꿈 이야기를 하면서 이 아기를 꼭 길러보자고 적극 건의를 하였다. 스님은 꿈을 어떻게 믿느냐고 말씀을 하시면서도 내 건의를 받아들여 주위의 반대를 무릅쓰고 아기를 기르기로 결정을 하시었다.

스님은, 아기를 기르면서 하는 행동을 보면 노스님이 환생해서 오신 것인지 아닌지를 알 수가 있을 것이라는 말씀을 덧붙이셨다. 나는 그날로 사유서를 작성해서 법원에 제출하여 판결을 받아 면사무소에서 아이의 호적을 만들었다. 성은 스님의 성씨인 진양 정鄭씨로 하고 이름은 지우志宇라고 작명을 하였다. 우리 암자에는 정지우鄭志宇라는 이름을 가진 새 식구가 하나 더 생겼다. 헌데 이 지우의 형성되어 가는 얼굴을 자세히 살펴보면 옆얼굴이 꼭 열반하신 스님 할머님의 모습을 빼어 닮았다. 지우가 세 살 때였다. 지나가는 관광객이 암자에 들어와서 마당에서 서성이고 있었는데 지우가 한 관광객의 손을 잡고 법당 안으로 끌었다. 그리고 법당 안에 들어와서는 제가 먼저 부처님께 절을 하면서 관광객에게도 따라서 하라는 시늉을 하였다. 이런 모습을 본 우리 암자 식구들은 그날부터는 지우가 노스님이 환생해서 오신 것이라고 굳게 믿게 되었다. 지우가 네 살 때였다. 스님은 갑자기 노스님 살아생전에 외국 구경 한번 시켜드리지 못했으니 이제라도 시켜드리자며 지우의 여권을 만들어서 싱가포르와 인도네시아를 다녀왔다. 출국을 할 때 각자 여권을 손에 들고 줄을 서서 기다리는데 지우가 갑자기 서 있던 열을 이탈해서 딴 곳에 가서 해찰을 부리는 바람에 애를 먹었다. 이때 지우를 꾸짖으려는 나에게 스님은 노스님을 대하듯이 예의를 갖추어야지 그게 무슨 버릇이냐고 오히려 나를 나무라시었다. 처음 나의 꿈 이야기를 반신반의 하셨던 스님은 이제는 나보다도 더 지우가 노스님의 화신임을 굳게 믿고 계신다.

봉고차를 타고 먼 길을 나서면서 "노스님이 지금까지 생존해 계신다면 여러 곳을 구경시켜드렸으면 좋았을 것을…" 이렇게 내가 말을 꺼내면 옆에서 듣고 계시던 스님은 "지금 지우를 데리고 가고 있지 않아요" 하고 말을 받으신다. 스님은 이미 지우와 노스님이 둘이 아니었다.

이제 우리 암자에서는 모두가 다 지우를 노스님처럼 받들어 보살피며 살아간다.

신앙이란 미지의 세계일지라도 확신을 갖고 굳게 믿는 신념이 아닐까?

나는 오늘도 지우를 차에 태우고 이 십 리 길 어린이집을 오가면서 마냥 흐뭇하고 행복하다.

나무의 지혜

산골에 사는 사람은 수목들과 함께 살아간다. 봄이면 여러 가지 꽃들이 피어 향기롭고, 여름이면 푸르름의 수해樹海 속에서 더위를 잊고 살아간다. 가을이면 공해 없는 머루 다래 으름 등 산과일들이 익어 한철 풍성하다. 봄부터 가을까지는 산새들이 저마다 목청을 돋우어 아름다운 노래를 불러주어 홀로 사는 사람에겐 더없이 다정한 벗이 되어준다.

내가 살고 있는 지리산의 울창한 숲속에는 수십 종의 새들이 살지만 저마다 독특한 목소리로 개성의 노래를 부른다. 어떤 새소리는 환희에 넘치고 어떤 새는 무뚝뚝하고 어떤 새는 간드러지는 음정이다. 또 어떤 새는 간사하게, 어떤 새는 듬직하게 운다.

자연을 가만히 관찰해보면 새들뿐만이 아니라 모든 수목들도 다 저마다의 모습으로 살고 있다. 어떤 나무는 하늘 높이 치솟아 장부다운 기개가 엿보이고 어떤 나무는 높이보다 옆으로 많이 뻗어 믿음직스럽게 보인다. 또 나무와 나무끼리 서로 얽혀가며 사는 경우도 있고 홀로 고고히 서기를 좋아하는 나무도 있다. 그런가 하면 음지를 좋아하거나 양지를 좋아하는 나무들이 따로 있다. 열매 맺기를 좋아하는 나무가 있는가 하면 꽃내음이 향기로운 나무도 있다. 어떤 나무는 강하고 어떤 나무는 유연하다.

산에는 전 세계의 인류보다도 더 많은 나무와 잡초가 함께 어우러져 살고 있다. 그렇지만 그 많은 나무들치고 모양이 같은 것은 단 하나도 없다.

수종樹種이같다고 해서 모양이 같은 것은 결코 아니다. 비슷한 것 같지만 상이하다. 어떤 나무는 수액이 약이 되고 어떤 나무는 뿌리가 약재로 쓰인다. 그런 반면 나무 뿌리나 열매를 잘못 먹으면 귀중한 생명을 잃을 만큼 독한 것도 있다.

이 자연의 생태를 가만히 살펴보면 사람이 살아가는 모습과 비슷한 점이 발견된다. 어떤 나무는 팔자 좋은 사람처럼 기름진 땅에서 무럭무럭 자라고 어떤 나무는 석벽 위에서 크지도 못하고 강풍에 시달리며 괴롭게 생을 이어간다. 어떤 나무는 곁에 크는 나무를 시샘이나 하듯이 위로만 치솟는다.

산에는 이처럼 많은 수목들이 살고 있지만 다 저마다 개성이 다르고 독특한 모습으로 살고 있다. 그렇지만 유사한 점이 전혀 없는 것은 아니다. 우선 자연의 섭리에 거역할 줄 모르고 다소곳이 순응하며 살고 있다. 나무는 거짓이 없고 배반을 모른다. 어떠한 어려움이 닥쳐와도 반항하지 않고 참고 견디며 때를 기다리는 여유가 있다. 가꾸면 가꾼 만큼 자라고 가꾸지 않아도 불만을 나타내지 않는 너그러운 미덕을 보인다.

봄이면 초록으로 잎이 피어나고, 가을이면 내년 봄을 기약하며 미련없이 진다. 또한 계곡에서 자라는 나무나, 수천 수만의 나무들을 내려다 보며 산정山頂에서 자라는 나무나, 다 같이 허세를 부리지 않고 밑으로 밑으로 자기가 서 있는 흙으로 밀착한다. 자기를 키워주고 있게 한 근본을 알고 사랑하는 것이다. 아무리 아름드리 거목일지라도 이 섭리를 거역하면 곧 쓰러지게 된다.

높은 산정에 서고 싶고 그 정상에 오래 머물고 싶다면 봄부터 가을까지 가꾸고 준비했던 열매와 잎들을 아낌없이 땅으로 환원해야 한다. 자기를 심고 감싸준 흙에 보은하는 것이다. 이것이 정상에 선 나무가 살아가는 생존의 비결이다. 이른 봄부터 부지런히 준비했던 잎들을 아낌없이 땅에다 바침으로써 그것이 썩어 땅을 기름지게 하고 자기 뿌리에 영양을 공급한다. 이것은 자기 생존의 방편이요 지혜이며 이웃과 함께 고루 사는 길이다.

나는 이 수목들의 생태를 보면서 많은 것을 느끼고 배운다. 우리 인간사회에도 이 나무들처럼 자기 분수를 지키고 질서를 존중하는 호혜정신이 넘친다면 보다 밝은 사회가 될 수 있으리라고 본다. 있는 자는 없는 사람을 보살피고 아랫사람을 관용하며, 힘있는 자는 약자를 아량으로 감싸주어야 한다. 그러면 한 잎 두 잎 쌓이는 낙엽이 썩어 거름이 되듯 고용주는 피고용인을, 윗사람은 아랫사람을, 강자는 약자의 입장을 이해하여 서로 하나가 될 수 있으리라. 여유가 있는 자가 어려운 사람을 진심으로 위해 주면 서로의 이익은 하나가 되기 때문이다.

많은 사람들이 지금의 이 사회를 불신사회라고들 말한다. 서로가 서로를 못 믿고 서로를 속이기 위해서 혈안이 되어 있다. 존경받아야 할 지도자의 말에도 우리는 너무나 많이 속아 왔고 신뢰가 넘쳐야 할 그들의 태도에 우리는 너무도 많이 실망해 왔다. 이래도 국민의 뜻이요 저래도 국민의 뜻이다. 언제부터 우리 국민은 그들의 사리사욕과 당리당략을 채우는 담보물이 되어 왔는지 생각하면 할수록 배신감만 앞서고 한심하기 짝이 없다.

국민의 이익을 대변해야 할 그들이 국민을 망각한 채 세인의 눈살을 지푸리게 하는 추태만 되풀이해서야 되겠는가? 도덕과 가치와 진실이 메마른 현실 앞에서 힘없는 많은 서민들은 오늘도 배고픔과 추위에 떨며 마지막 지는 한자락 석양빛을 바라보는 심정으로 이 현실에 책임 있는 사람들의 일거수일투족에 시선을 모은다.

신성해야 할 종교인들도 입으로는 사랑을 말하고 자비를 떠들지만 실천의 현실 앞에서는 부족함이 너무도 많다. 사랑을 나누고 자비를 실천해야 할 사람들이 자기 종교를 신앙하지 않는다 하여 배척하고 적대하며 자기 권속이 아니라 하여 경원하는 세속 범부들만도 못한 일을 저지른다.

진정 혼돈의 세상을 정화하고 계도해야 할 종교인들이 이 추악한 얼굴로 뜨거운 뉘우침과 피나는 참회 없이 하나님의 종이요 부처님의 제자라고 자부할 수 있을지 깊이 한번 반성해야 할 심각한 문제가 아닐 수 없다.

인자요산 지자요수仁者樂山 智者樂水라는 말이 있다. 이 말은 어진 사람은 산을 즐기고 지혜가 있는 사람은 물을 찾는다는 뜻이리라. 부디 이 해에는 우리 모두 조용히 산행이라도 하면서 미움과 증오를 풀고 묵묵히 견디며 알차게 살아가는 나무들과 대화하며 그 지혜를 배웠으면 좋겠다. 소위 만물의 영장이라는 인간이 산골에서 커가는 나무들만도 못한대서야 어디 될 법이나 한 일인가?

어느 천도식

몇 년 전부터 절 주변에 도둑고양이 한 마리가 들락거렸다. 고양이는 가끔씩 바위틈에서 노니는 다람쥐를 채어가곤 하였다. 나는 고양이의 살생을 막고자 보시하는 마음으로 고양이가 자주 다니는 장소에다 매일 밥을 조금씩 떠다 놓았다. 고양이는 처음에는 주는 밥을 거들떠보지도 않고 사람을 슬슬 피하더니 날이 가자, 차차 사람에 대한 경계심을 풀고 밥을 먹기 시작했다. 때론 밥 주는 일을 깜박 잊고 있으면 야옹야옹 하고 울며 밥 달라는 신호를 하기도 했다.

그러던 고양이가 작년 여름에 새끼를 낳았다. 볼일

이 있어 공루 위로 올라갔는데 웅크리고 있던 고양이가 갑자기 으르렁거리며 덤벼들려고 자세를 취했다. 가만히 살펴보니 고양이가 새끼를 품고 있었다. 나는 공루 위의 볼일을 취소하고 고양이의 뜻에 동의해주었다. 그리곤 가끔씩 고양이의 거동을 살펴봤다. 십여 일 후에는 예쁜 새끼 한 마리가 어미를 따라다니고 있었다. 나는 저 예쁜 고양이도 그냥 두면 어미처럼 도둑고양이가 되겠다 싶어 새끼를 잡아 줄로 매어두었다. 놀다가 돌아온 어미 고양이는 목을 매어둔 새끼고양이가 안쓰러운지 애처롭게 울며 새끼에게 다가와서 놀다가 사람을 보면 도망가곤 했다.

이렇게 매어두기를 한 달여, 새끼고양이는 밥을 가져다주면 반갑게 쫓아 나와 반기며 손가락을 잘근잘근 깨물면서 장난을 걸곤 했다. 줄을 풀어줘도 도망가지 않고 나를 잘 따랐다. 솔방울을 던져주면 쥐를 잡듯이 달려가 발로 채어 굴리며 재롱을 부렸다. 나는 됐다 싶어 이 고양이를 쥐가 자주 다니는 내 처소인 토굴에 갖다 두었다.

처음에는 암사로 다시 갈까 싶어 줄로 묶어 구석에다 매어두었다가 며칠 후에 풀어주었다. 고양이는 토굴을 잘 지켜주었다. 나는 암자에서 공양을 마치고 올 때마다 그릇에다 밥을 덜어다 주곤 했다. 시장에서 멸치를 한 포 사다 놓고 밥을 줄 때마다 몇 마리씩 얹어주었다. 고양이를 토굴에다 갖다 놓은 후로는 잠을 못 자게 설치던 쥐들이 얼씬거리지를 않았다. 고양이 덕을 톡톡히 본 셈이다.

내가 암자에서 공양을 마치고 올 때면 기다리고 있다가 고양이는 내 뒤를 따라오곤 했다. 그리고 공양을 하러 암자로 갈 때면 중간지점까지 따라오다 되돌아섰다. 가끔씩 제 어미 고양이가 와서 같이 가자는 듯이 아웅아웅 하고 울지만 같이 놀다가도 따라가지 않고 갈라서는 것이었다. 신통방통했다.

이제 고양이는 내 토굴의 한 식구임이 분명했다. 나는 며칠씩 출타할 일이 있어 토굴을 비울 때면 암자에 부탁해서 밥을 갖다 주도록 했다. 한 번은 며칠간 외출에서 돌아오니 고양이가 밥을 주어도 먹지 않고 설사를 하고, 먹었던 것을 다 토한다고 절 식구들이 걱정이었다. 과연 고양이는 핼쑥하니 살이 빠져 눈만 빠끔히 뜨고 있었다. 나는 그 길로 읍내 동물병원에 가서 약을 지어다 먹였다. 그런지 이틀이 지나고 사흘 만에 밥을 조금씩 먹기 시작했다. 나는 물을 데워서 설사로 몸뚱이에 묻어 있는 배설물을 깨끗이 씻어주었다. 그리고 기운을 완전히 회복할 때까지 며칠간은 내 방에다 두고 같이 지냈다. 그 후로는 더욱 나를 잘 따랐다. 이젠 밖에 나와 서 있으면 멀리서 쫓아와 내 바짓가랑이에다 제 등을 문지르기도 하고 쥐를 잡듯이 발로 낚아채는 시늉을 하며 재롱을 부렸다. 고양이는 내 유일한 벗이 되었다.

비 오는 여름날 밤, 토굴 방으로 들어오려고 개구리들이 출입문으로 뛰어올라 부딪치는 소리로 나를 깜짝깜짝 놀라게 할 때면 고양이가 지켜 앉아 쫓아냈다. 이런 귀여운 짓을 할 때마다 나는 포상이라도 하듯 고양이에게 멸치 몇 마리씩을 꺼내주었다. 이 고양이가 어미가 되면 새끼를 키워 대대로 기르려니 마음먹었다.

그러던 어느 하루, 그날도 나는 점심공양을 마치고 고양이에게 줄 밥을 들고 토굴로 올라왔다. 다른 때 같으면 미리 나와 기다리고 있을 고양이가 이날은 보이지 않았다. 어디 갔을까? 궁금해서 나는 토굴을 쳐다보며 발걸음을 옮겼다.

그런데 이게 웬일인가? 토굴에 다 왔을 무렵, 내가 발을 내디디려는 순간 옆에서 갑자기 튀어나온 고양이가 내 발에 밟힐 줄이야.

고양이는 꽥 비명을 지르며 한 길이나 훌떡훌떡 몇 차례 뛰더니 그대로 땅바닥에 퍽 쓰러져 숨을 헐떡였다. 내가 고양이의 상처를 확인하려는 순간 고양이는 사지를 발발 떨며 이미 숨을 거두고 있었다. 주둥이에서 피가 몹시 흘렀다. 눈앞이 캄캄했다. 이 무슨 악연이란 말인가. 차라리 도둑고양이로 그대로 크게 둘 것을 공연히 잡아 길들여 키우려다 이 살생을 하였구나 싶으니 가슴이 미어질 듯 아프고 후회가 되었다.

나는 세숫대야에 물을 떠다 고양이의 상처를 깨끗이 씻은 후 묻었다. 전생에 무슨 인연으로 이생에 이렇게 만나 내 가슴을 이리도 아프게 하느냐, 부디 원한이 있거든 풀고 왕생극락하소서. 왕생극락하소서. 마지막 사십구 일째 되는 날은 고양이가 좋아하는 간단한 음식을 준비해놓고 영가 천도식을 했다. 그래도 고양이의 살생에 대한 죄책감은 풀리지 않고 가슴이 아팠다.

어쩌면 토굴생활을 마치고 떠날 때까지, 아니 어쩌면 이 생을 마치는 날까지도 고양이의 죽음은 뇌리에서 떠나지 않고 회한으로 남아 있을지도 모를 일이다. 전생에 무슨 인연이 있었기에 이생에서 만났고. 이생에서 이렇게 헤어졌으니, 내생에 또 어떤 인연으로 다시 만나게 될지? 저녁에 자리에 누워 눈을 감으면 고양이가 사지를 떨며 숨을 거두던 모습이 떠올라 잠을 이룰 수가 없었다.

이 고양이 한 마리의 죽음에도 이처럼 괴롭고 고뇌에 가슴을 떨어야 하는데 돈 몇 푼에 사람을 죽이는 살인강도들, 아니 그보다도 권세욕 때문에 많은 선량한 인명을 희생시켜야만 했던 정권 찬탈자들은 요즘 어떤 생각으로 어떤 참회록을 쓰고 있을지?

이 봄 대지 위에 피어나는 따뜻한 아지랑이 햇볕 속에 가지마다 잎은 피어 다시 소생하건만 한번 간 넋은 말없이 잠들어 있으니, 그 원한의, 죽음의 진실은 어느 누가 밝혀줄지? 저승 벌罰 사자의 호통소리로나 밝혀질지, 참으로 답답하고 쓸쓸한 일이다.

고향

사람은 누구나 다 태어난 고향이 있다. 고향. 되새겨볼수록 더욱 정답고 그립고 어머님의 가슴처럼 포근한 정으로 느껴지는 것이 고향이다.

그 어머님의 품처럼 항상 심연속에 안타깝게 남는 것. 처녀의 방향芳香처럼 산란山蘭의 향기처럼 그렇게 그리움으로 남는 곳이 고향이다.

내 고향은 남南쪽. 산자수명한 지리산智異山을 등진 구례求禮. 지리산의 정기를 타고 반야봉의 지혜를 얻어 태어났는지 예부터 예의범절이 바른 고을. 그래 예禮를 구求하며 사는 고장이라 하여 구례求禮란다.

국립공원 1호인 지리산의 관문이요 국보사찰인 화

엄사와 연곡사가 있다.

그리고 부처의 자비인양, 보살의 미소인양, 피어나면 등불을 켠 것처럼 주변이 밝아지는 3백년 수령의 영산홍을 자랑하는 천은사泉隱寺가 있다. 신라 흥덕왕 3년에 창건된 고찰이다.

이 태고의 정적이 흐르는 청정도량에 핏빛 영산홍이 유명한 것은 이 도량에서 정진하여 깨치신 많은 선지식 스님들의 무언의 설법이 아닐는지?

아름다운 꽃을 보고 마음이 괴로운 사람은 없다. 성난 사람도 꽃을 보면 마음이 풀린다. 진정한 진리의 세계란 글이나 말로는 설명할 수가 없다. 꽃을 보고 마음이 즐겁듯이 이심전심으로 느껴야 된다. 천은사의 대명사는 영산홍이요. 영산홍은 이곳 스님네들의 무언의 설법이다.

또한 천은사를 설명하면서 빠뜨릴 수 없는 것이 하나 있다.

민족대표 33인 중의 한 분이신 오세창吳世昌선생이

쓰신 10폭 병풍. 오세창 선생께서 남기신 필적은 많지만 이 천은사의 병풍이 유명한 것은 그분의 고매한 인품과 높은 예술의 경지를 대표할 수 있는 유품 중의 하나이기 때문이다. 한 예술인이 일생을 정진해도 마음에 흡족한 걸작은 한 두점에 불과하다는데 천은사의 병풍은 그 대표작이다.

이웃 연곡사 경내에 있는 북부도北浮屠는 고구려 초기의 작품으로서 동부도東浮屠를 모방하여 건립한 국보 54호로 내 고향 구례를 더욱 빛내준다.

큰 산 깊은 계곡 내 고향 구례에는 어느 곳보다 명찰 고적들이 많다. 계곡마다 자리잡은 산사 불가 중 화엄사華嚴寺는 지리산 중 최고찰로 너무도 유명한 국보대찰이다.

화엄사는 특히 우리나라 최대의 목조건축물인 각황전覺皇殿을 비롯 사사자四獅子 3층석탑(국보 35호) 및 화엄석경 등이 유명하다.

사사자四獅子 3층석탑은 각황전 왼편 후면에 위치

한 것으로서 불국사 다보탑과 더불어 쌍벽을 이루는 작품이다. 네귀퉁이 사자상 및 가운데 보살상의 조형미는 우리나라 불교예술의 정수를 지키고 있다. 헤아릴 수 없는 명승고적은 섬진강 맑은 물, 천년의 흐름만큼이나 유구한 역사를 지키고 있는 곳이 바로 구례求禮다.

굽어 내린 산허리 빨간 낙조가 공양 올리는 불가의 종소리를 머금고 속세의 번뇌를 포근히 감싸는 곳. 계곡과 수림마다 명승대찰의 불심이 가득한 곳이다.

천은사를 뒤로하고 2km쯤 내려가면 월곡月谷리. 이곳엔 매천 사당이 있다.

구한말 국운을 한탄하며 스스로 자결한 의인이요 시인. 나라를 위해 목숨을 바친 충절의 의인과 함께한 예절의 고장 구례에 태어난 것이 자랑스럽기만 하다.

승자의 길

세상을 살다 보면 본의 아니게 이웃과 불화不和하고 남으로부터 미움을 받게 되는 경우가 있다. 그 원인을 가만히 생각해 보면 나에게 결점이 있었기 때문인 경우가 대부분이지만 때로는 아무런 잘못이 없는데도 헐뜯고 비난을 받는 경우도 있다.

그럴 때면 나는 다음의 방법으로 그러한 문제를 해결하기 위해 노력한다. 첫째는 그 사람이 나에게 못되기를 바라는 만큼 나는 더 잘 되기 위해서 내가 세운 목표를 향해 열심히 노력한다. 맞서 싸우기보다는 자신의 일에 충실하다 보면 자연 분노 따위는 이미 나와 관계가 없어진다.

두 번째의 방법은 나에게 아무런 잘못이 없었는데도 저 사람이 나를 미워하게 되는 것은 결과적으로 나라는 대상이 있었기 때문이므로 그 책임의 일단은 나에게도 있다고 믿어본다. 내가 저 사람에게 얼마나 밉게 보였으면 그가 저주까지 하게 되었을까 하고 생각하면 마음에 여유가 생긴다.

저 사람이 나를 닮아주면 좋겠지만 그렇지 못할 때는 그가 나를 닮아주기를 기다리기보다 나를 닮아주지 않는 그를 내가 이해하는 편이 쉬운 일이다. 그것이 승자勝者의 자세가 아닐까?

어떤 이야기

오래 전에 들었던 이야기다

한국의 한 젊은 청년이 일제 하에 일본으로 징용되어 갔었다. 그는 일본의 한 부대에 배속되어 근무하면서 부대 주변 마을에 사는 한 처녀를 사귀어 사랑을 나누게 되었다.

그들은 날이 갈수록 도저히 헤어질 수 없는 짙은 열애에 빠졌다. 그러나 처녀의 부모들은 징용에 끌려온 한국인 청년을 달갑지 않게 생각하고 그들의 결혼을 결사반대하였다. 이런 어려움에 처해 있을 때 우리나라는 해방이 되었다. 징용에 끌려갔던 청년에게 귀국할 수 있는 기회가 주어졌으나 처녀와의 관계 때문에 고민하지 않을 수 없었다. 사랑을 포기하느냐, 귀국을 포기하느냐의 진퇴양난.

그는 며칠 간의 고민 끝에 처녀와의 관계를 포기하고 고국행을 결심하였다. 그리고 그 심정을 처녀에게 알렸다. 사연을 들은 처녀는 청년에게 매달리며 제발 나를 데리고 귀국해달라고 눈물로 호소하였다. 자신은 부모형제와 고향산천을 못 잊어 그녀와의 관계를 포기하기로 결심했는데, 그녀는 사랑을 위해서 부모의 만류를 뿌리치고 조국까지도 버리겠다고 나서는 태도에 감동되어 그는 결국 그녀를 데리고 귀국하게 되었다. 그녀는 남편의 나라인 한국에 와서 일제 하에 핍박을 받았던 뭇사람들의 멸시를 받으면서도 오직 일편단심 남편만을 섬기며 어려운 살림에도 잘 적응해 나갔다.

그러나 그들의 생활은 해가 거듭될수록 쪼들리기 시작했다. 공부나 기술을 배워야 할 나이에 징용에 끌려갔던 남편은 특별한 직업이 없이 빈둥빈둥 주막을 드나들며 술로 세월을 보내곤 했다. 어려운 가정은 부인이 남의 집 품팔이로 근근이 꾸려나갔다. 그런데 남편은 의처증이 생겨 걸핏하면 부인을 폭행하는 버릇도 생겼다. 사흘이 멀다고 부인을 손찌검하는 소리가 담을 넘어 이웃집에까지 들려왔다.

주위에서 싸움을 말리는 일도 한두 번이지 매일이다시피 계속되는 이 가정불화에 환멸을 느끼고 이제으레 그러려니 하고 무관심해져갔다. 마을 사람들은 아무 잘못한 일도 없이 매만 맞는 부인이 안쓰럽고 가여워 다 집어치우고 고향으로 돌아가라고 권유하기도 했다

그러면 그녀는 눈물을 흘리다가도 "남편의 고향이 내 고향이지요. 남편의 나라에 내 뼈를 묻고 싶어요."라는 말로 사람들의 말에 대응하곤 했다.

술독이 올라 코가 딸기처럼 빨개진 남편은 매일 술이 아니면 살지 못했고, 술이 취했다 하면 부인을 폭

행하는 일로 술을 깼다. 부인은 남편에게 손찌검을 당하다가도 이웃 사람들이 가서 "일본댁" 하고 부르면 흐트러진 옷매무새를 가다듬으며 "네" 하고 상냥한 표정을 지으려고 애를 쓰며 나오곤 했다. 술을 이기지 못하고 더 이상 부인을 때리지 못할 정도로 기력이 쇠진해진 남편은 결국 피골이 상접한 몰골로 숨을 거두고 말았다.

장례를 치르고 난 다음 마을 사람들이 부인에게 위로의 말로 "서방님이 돌아가셔서 안 되기는 했지만 한편 생각하면 차라리 잘 되었는지도 모르지요. 어찌 허구헌 날 매만 맞고 살겠수" 했다. 그러나 그녀는 정색을 하며 말했다.

"아니지요. 아무리 제가 매를 맞더라도 그것은 내가 그의 아내이기 때문이지요. 이제 그이가 가고 없는 지금 내가 아무리 잘한들 기뻐해 줄 사람이 누구며, 잘못한들 꾸중해 줄 사람이 누가 있겠어요.

부부란 서로에게 하늘과 같은 것인데, 그이는 그

존엄을 따르지 않았기에 세상을 빨리 떠나시게 된 것 같아요."

그녀의 표정엔 가슴이 찢어지는 슬픔과 하늘이 무너지는 듯한 슬픔이 어려 있었다.

제4부

버려진 아이를 키우는 죄

문명과 음지 · 버려진 아이를 키우는 죄 · 부조리 근절 감사에 한마디 · 사찰 망치는 야영 · 관광지 구례, 비만 오면 흙탕물 · 약수 채취 훼손 아니다

문명과 음지

광명은 암흑이 있으므로 존재하듯이 문명이 발달하면 할수록 어둡고 그늘진 풍습이 뒤따르기 마련인 모양이다.

얼마 전에 있었던 일이다. 절에서 공부하고 있는 한 재수생이 순한문으로 된 문종이 두루마리를 들고 내 방을 찾아왔다. 내용인즉 자기로서는 어느 대학 어느 학과를 선택할 것이냐를 결정짓기가 어려운 입장이라서 사주를 봤는데, 사주 보러온 손님들이 많아서 충분한 설명을 듣지 못해 다시 한 번 설명을 듣고 싶으니 해석을 좀 해주었으면 좋겠다는 것이었다. 그래서 나는 그 학생에게 다음과 같이 말을 해서 돌려 보냈다.

학생이 그 사주를 이 세상에서 제일 잘 보는 사람에게 봤다고 친다면, 그 종이엔 학생의 운명을 사실 그대로 적었을 것이다. 즉 시험에 합격하겠으면 한다, 못하면 못한다, 십년 후에 죽으면 죽는다, 또 어느 때 병이 나면 난다는 사실을 꼭 그대로 적었을 것이다. 그런데 그 사주를 봤다고 해서 합격을 못할 만큼의 실력이 갑자기 좋아져서 합격을 하게 된다든지, 일 년 후에 죽을 사람이 십 년을 살게 된다든지 하는 운명의 재결정은 있을 수 없는 일이다. 따라서 사주의 결과에 따라 앞으로의 진로를 결정짓는다는 것은 어리석은 일이다. 그러니 어느 학과를 가느냐 하는 것은 모든 여건을 감안해서 학생 스스로가 결정지어야 하며 좋은 학교를 가기 위해서는 열심히 공부해서 실력을 기르는 일밖에 없다. 아무리 시험이 어렵고, 단 한명을 뽑는 좁은 문일지라도 그 한 명은 분명히 내가 되고 말겠다는 굳은 각오로 열심히 공부한다면 그 좁은 문은 분명히 학생의 문이 될 것이다. 그리고 나는 내 운명의 주인으로서 내 운명을 개척할 수 있다는 신념으로 여한이 없도록 최선을 다해 노력하고, 그 결과에 대해서는 자기의 운명을 거역할 것이 아니라 받아들이며 이해하는 마음의 자세여야 한다고 일러 주었다. 그러면 운명은, 노력하며 가꾸고 가꾸면서 기다리는 사람의 편에 분명히 있어 줄 것이기 때문이다. 내일을 알려면 오늘 내가 무엇을 어떻게 하고 있는가 보라는 말이 있다. 즉 심은 대로 거둔다는 말이다. 그러니 오늘을 충실하게 살면 내일은 훌륭하게 보장이 되는 법이다.

버려진 아이 키우는 죄罪

"아버지는 사고로 죽고 어머니는 가출하고 늙은 할머니 혼자 기르기가 너무도 힘들어 아이를 두고 가니 부디 잘 길러 제자로 삼으십시오!"

이런 메모와 함께 이곳 전남 천은사 도계암 비구니 처소 대문 앞에는 자주 어린 아이들이 버려지고 있다. 대부분 손발을 전혀 못쓰는 지체 장애아이거나 생후 2, 3개월도 채 되지 않은 핏덩이여서 정말 난감하기만 하다.

하지만 자비를 본분으로 삼아야 하는 불제자佛弟子이기에 지중한 인연으로 믿고 십수 년째 아이들을 기르며 살고 있다. 때로는 아이가 없는 신도네 집에 보내기도 하고, 더 잘 기를 만한 다른 절에 데려다주기도 해, 현재는 정신질환자를 포함해 6명이 함께 지내고 있다. 주위에서 정부 당국에 신고해 도움을 받으라는 권유도 적잖이 받았다. 그러나 행여 심신이 불편한 아이들이 주위 사람들로부터 '부모 없는 고아'라고 놀림을 받지는 않을까 해서 넉넉지 못한 형편임에도 생활보호대상자 신고를 미뤄왔다.

해가 거듭되면서 필자가 버려진 아이를 거둬 키운다는 소문이 입에서 입으로 전해졌고, 지역 언론 등에 보도돼 이 일이 널리 알려지게 되었다. 그래서 아이들을 생활보호대상자로 등록해 약간의 도움이라도 받을 수 있을까 해서 최근 면사무소를 찾았다. 하지만 담당직원은 "다른 곳으로 보내지 왜 절에서 기르려고 하느냐. 호적상 친부모를 찾아주어라"며 차일피일 미루기만 했다. 필자는 1999년 11월부터 10개월 동안 40여 회나 면사무소를 찾아갔고, 상급 책임자에게 항의성 건의를 한 끝에 겨우 문제를 해결할 수 있었다.

그뿐만 아니라 최근에 버려진 한 아이 역시 도계암 스님의 호적에 올린 후 3월 14일 면사무소에 생활보호대상자 신고를 했다. 그러나 이 또한 "다른 업무가 많이 밀렸으니 기다려야 된다"는 등의 이유로 차일피일 미뤄지고 있다. 진정 이것이 참여정부 복지 행정의 현주소인지 안타까울 따름이다. 지금이 어느 시대인데 아직도 공무원의 자세가 이런 것인지 묻고 싶다. 여러 날을 두고 남의 허물을 덮어주며 사는 것이 종교인의 덕목일 것이다. 하지만 이런 공무원의 무성의한 태도는 즉각 시정돼야 마땅하다.

부조리 근절 감사에 한마디

부조리를 도려내는 서정쇄신 작업 차 120명의 중앙 감사반이 전남에 내려와 도내 각 행정관서의 감사에 임하고 있다는 소식이다.

사실 행정관서의 부조리가 이제 오늘의 일이 아닌 훨씬 이전부터 있어 온 사실이라고 볼 때 정부의 서정쇄신 작업은 만시지탄의 감이 있다. 이제부터라도 모든 병폐를 발본색원하여 단단히 조치함으로써 신뢰할 수 있는 공무원상을 꾸밀 수 있으리라는 기대감에서 국민이면 누구나가 다 정부의 시책에 이의는 없을 것이다. 따라서 그 작업에 임하는 감사원들의 노고에 감사하는 마음 또한 인색치 않다.

그러나 만에 하나라도 서정쇄신의 이름 아래 국민이 납득할 수 없는 조치가 따른다면 곤란한 문제다.

신문보도에 의하면 구례군청의 감사 중 지난 5년 동안 군수 관사 전화료 50만원을 군비에서 지출한 것을 적발하였다. 그간 수 명의 군수들이 갈리면서 쌓인 사용료지만 당사자들에게 일일이 변상 조치하는 것이 거추장스러워 현직군수에게만 전부를 변상하라고 지시했다고 한다. 만약 보도가 사실이라면 이는 어디다 내놓고 보더라도 부당한 처사임에 틀림없다. 하나의 잘못을 시정하기 위해서 또 하나의 잘못을 저지를 수는 없는 일이다. 잘못을 시정하는 데 있어 난점이 있다고 해서 일을 그런 식으로 처리하고 만다면 잘못을 범한 모든 공무원들 또한 그만한 이유가 있다는 논리가 성립된다. 서정쇄신이란 한마디로 조리의 회복이 아닌가. 당국은 서정쇄신의 이름으로 이 조치에 대한 재고가 있어야 마땅하며 국민은 이 문제를 어떻게 하는가를 예의 주시할 것이라는 것을 천명해 둔다.

(1975년 12월 4일자 한국일보)

사찰환경 망치는 야영

날씨가 차차 따뜻해짐에 따라 사찰을 찾는 관광객이 늘어가고 있다. 특히 지리산 국립공원의 등산로를 겸하고 있는 이곳 구례 화엄사와 천은사엔 주말이면 등산을 겸한 관광객 수가 일반관광객보다 더 많은 편인데, 밤이 되면 그 대부분이 사찰 주변에서 야영을 하려고 한다.

무엇보다도 화재의 위험이 있기 때문에 사찰 경내에서 야영하는 것을 금하고 있는데, 때로는 그들 야영객들은 아무리 설명을 해도 듣지 않고 버티는 경우가 있다. 그럴 때면 사찰의 방을 하나 제공해주겠다고까지 해보지만 싫다고 했다. 자연을 즐기려고 먼 곳에 찾아왔는데 싫다는 것이었다. 또 하나의 이유로는 교회를 다니기 때문에 불상이 있는 절에서는 자기가 싫다는 것이다. 자연을 즐기려는 사람들이 자연을 더럽히려는 것은 이해할 수도 없거니와, 더욱 한심스러운 것은 교인을 빙자해 자기 양심을 속이려는 후자의 경우다. 물론 개중에는 참으로 교회의 신자로서 좀 더 순수한 신앙인이 되고 싶은 마음으로 그렇게 말하는 사람도 있겠지만 그러한 경우는 교회와 사찰을 잘못 이해하고 있는 것이다. 사찰과 교회가 다른 점을 결국 인간이 지어 놓은 건축물에 불상을 모셨느냐, 십자가를 모셨느냐의 차이다. 그리고 그 모두는 불타와 예수님을 상징하는 심볼이며 자비와 사랑의 표상이다. 두 종교가 표방하는 이념이 원수까지도 사랑하라는 자비심일진대, 너와 나를 구분 지어 배척하는 것은 모순이다. 그러므로 내 종교가 아닌, 타 종교의 성지라고 함부로 해서는 안 될 것이다. 우리 모두가 보호해야 할 자연환경이며, 문화유산인 것이다. 비단 우리 사찰의 경우만은 아닐 것으로 믿어 부디 문화유산을 가꾸는 데 모두 사명감을 갖고 동참해 주시기를 지상을 통해 호소하는 바이다.

(1975년 12월 28일자 서울신문)

관광지 구례, 비만 오면 흙탕길

— 국립공원 관문으론 노폭도 너무 좁아

내가 사는 이곳 구례는 지리산 산자락에 위치해 있으며, 국보사찰인 화엄사, 연곡사, 천은사, 그리고 피아골 노고단 등이 있어, 관광명소 중의 하나로 꼽히고 있다. 이런 유서 깊은 굴지의 사찰과 아름다운 절경들로 인해 지금 정부에서는 지리산을 국립공원으로 개발 중인 것으로 알고 있다.

구례를 중심으로 동쪽으로 하동, 서로는 곡성, 남으로는 순천, 북으로는 남원이 있는데, 다른 지역들은 모두 고속도로와 연결되는 길들이 깨끗이 포장되어 있다. 그러나 지리산 국립공원의 관문 구실을 하고 있는 이곳 구례를 다녀간 사람이면 누구나 다 느끼겠지만 관광지로서 갖춰야 할 기본인 도로가 정비되어 있지 않아 큰 불편을 주고 있다. 현재 구례 읍내에서 화엄사까지 9km만 포장이 됐을 뿐 그 밖의 국도나 심지어는 고속도로와 연결되는 길까지도 일제강점기에 만들어 놓은 비포장도로를 그대로 방치하고 있는 실정이다. 도로폭은 좁아 양방향 통행이 어려워서 오고 가는 차량들이 서로 교차할 때, 몇 분씩이나 오던 길을 다시 물러서 비켜가야 한다. 주민뿐만 아니라 이곳을 방문하는 관광객들의 애로가 이만저만이 아니다.

도로를 확장 포장하면 더할 나위 없이 좋겠지만 그것이 어렵다면 노폭이라도 넓혔으면 하는 것이 이곳 주민들의 소망이다. 물론 당국으로서도 그만한 애로와 이유가 있으리라 믿는다. 그런 줄 알면서도 이러한 건의를 드리는 것은 모든 주민들이 이곳만이 유독 지역개발이 뒤지고 있다는 생각을 하고 있기 때문이다.

당국은 차제에 이곳 주민들의 염원을 한번 살펴서 구례가 명승 관광지로서 발전할 수 있도록 해주었으면 한다.

(1975년 12월 28일자 서울신문)

약수 채취 훼손 아니다

인생은 자연의 품에서 살아간다고 생각할진대, 자연을 보호하자는 정부의 시책은 시의에 맞는 환영할 일이다.

그런데 신문보도에 의하면 자연보호 정책을 시행해 나가는 과정에 있어 어느 것이 그 시책의 근본 취지에 합당한 것인가를 놓고 주민과 당국, 상부와 하부기관이 서로 의견을 달리하고 있는 경우가 있다.

다름 아닌 오는 4월 20일, 곡우절에 열리는 지리산 약수제가 약수 채취가 금지됨으로써 개최가 불가능하게 되었다. 약수 채취는 자연을 훼손하는 것이 아니라는 구례군 번영회의 주장과 훼손이라는 전남도 당국의 주장이 맞서며 허가청인 구례군에서는 훼손이 아니라고 허가했는데, 뒤늦게 상부청인 도에서 허가를 취소하라고 지시를 내렸다는 것이다. 군에서 약수 채취를 허가했기에 주민들은 없는 돈을 들여 물받을 준비를 했는데, 이제 와서 안 된다니, 그 어느 장단에 춤을 춰야 할지 그저 주민들은 어리둥절한 모양이다.

자연이 훼손되고 안 되고는 높으신 양반들의 책상 위에 놓인 육법전서나 농촌주민들의 이해관계에 있는 것은 아니라고 본다. 다만 지금까지 약수를 채취해옴으로써 자연이 훼손되어왔는가, 안되어 왔는가는 수려한 지리산의 자연경관이 똑똑히 무언의 증언을 하고 있다고 한다면 지나친 편견이 될까?

수십 년 이어온 약수 채취의 전통을 빼앗긴 주민들의 허탈함을 대변하자는 것이 아니라, 관계기관의 공무원이 관계 업무를 어찌 그리도 실정을 파악치 못하고 있을까 하는 아쉬움이 크다. 허가를 원하는 쪽이나 금하는 쪽이나 모두 자연을 보호하자는 데는 이의가 없을 줄 안다. 농촌에선 일 년에 한 차례씩 받는 약수 채취가 살림에 적잖은 보탬이 된다. 그러기에 약수나무는 그들에겐 무엇보다도 은혜롭고 소중한 것이다. 그들이 어찌 약수나무가 고사되는 것을 방치할 수 있겠는가, 문제는 어린 나무들의 성장에 저해의 요인이 된다고는 볼 수는 있다. 허나 어린 나무엔 수액이 별로 나오지 않으므로 거목이 될 때까지는 마치 부모가 자식을 기르듯이 소중하게 보호하려는 것이 약수를 채취하는 주민들의 뜻이다. 약수가 귀중하니 그 나무 역시 소중할밖에. 그렇다면 약수 채취를 금함으로써 지금까지 모든 주민들이 나무를 아끼고 보호하려던 마음에 변화가 생길 수 있다고 볼 때, 국민 보건에 이바지해온 공헌은 제쳐 두고라도 과연 그 어느 쪽이 자연보호의 현명한 방법인지는 자명한 일이 아닐까?

당국은 지시의 철회를 행정력의 약화나 비굴한 패배로 생각할지 모르지만 사실은 사실대로 인정해야 함이 온당하지 아니한가.

국민이 통치권에 복종함은 단 두 가지 이유뿐이다. 하나는 통치권이 정당하게 부여되었다는 데 있고, 다른 하나는 통치 명령이 또한 정당하다고 신봉하는데 바탕한다.

결론으로 약수 채취는 자연훼손이 아닌 모든 주민들로 하여금 그의 보호에 자발적인 참여를 가능케 하는 것으로써 분명 허가되어야 하며 이는 구례 전체 군민의 한결같은 염원이기에 앞서 당국으로서도 당연히 관심해야 할 사항임을 지적해 둔다. 부디 선처 있기를 바라면서.

(1968년 3월 16일자 전남매일)

제5부

산사의 겨울준비

이상적인 인간상 · 나의 근황 · 남의 신앙 · 산사의 겨울준비 · 흐르는 물처럼 · 합봉이변合蜂異變 · 박빙여림薄氷如臨 · 아기로 출가 · 그리움

이상적인 인간상

어느 해 겨울방학 기간 동안 내가 기거하고 있던 절에서 대학생 아카데미 수련회가 있었다.

나는 그때 하루 한 시간씩 시간을 같이했던 인연으로 수련회를 마치는 마지막 날 토론회에도 참석할 수 있었다. 그날 토론의 주제는 남학생의 경우 '내가 바라는 이상적인 여성상'이고, 여학생들은 '이상적인 남성상'이었다. 모두가 숙연한 자세로 나름대로의 의견을 피력하던 중 회장이 말했다.

"다음은 스님께서 말씀해 주십시오."

딱했다. 나라고 이상적인 여성상이 없으란 법은 없

었지만 승려의 입장에서 선뜻 말하기가 좀 쑥스러웠다. 그래 '이상적인 여성상도 남성상도 아닌 인간상'을 이야기하기로 했는데 결국은 여성상이 되어버리고 말았다. 그건 내가 용무차 어느 골목길을 지나다가 보았던 여인을 예로 했기 때문이다

그날 골목길에는 어린 꼬마 아이 서너 명이 놀고 있었는데 그중 한 아이가 울고 있었다. 그 울음소리를 듣고 옆집에서 아이의 어머니가 쫓아 나왔다. 퍽 아름다운 여인이었다. 나는 그 여인의 옆을 스쳐 지나가다가 다시 뒤를 돌아보게 되었다. 왜 가던 길을 멈추고 다시 돌아보게 되었는지는 모르겠으나 그 여인의 용모가 아름다워서였다. 그런데 나는 돌아보는 순간 곧 후회하고 말았다. 여인은 자기 아이를 품에 안고서 상대방 아이를 몹시 나무라 결국은 그 아이를 울리고 말았다. 그녀의 얼굴은 다시 돌아봄을 후회하게 할 만큼 추한 모습으로 보였다.

그날 나는 자기 자식이 귀여우면 남의 자식도 귀여

운 줄 알아 곱게 타이를 줄 아는, 마음도 얼굴처럼 고운 여인이었으면 하는 것이 내가 바라는 이상적인 인간상이요, 여성상이라는 주제로 내 이야기를 마무리했다.

(1976년 4월 28일자 전남일보)

나의 근황

내가 세상에 태어나서 처음으로 글을 써서 책으로 출판을 한 것은 1980년도 신동아 논픽션 공모에 당선되어 당선작품집을 동아일보 출판부에서 제목을 나의 작품인 『인간송충이들』로 출판한 것이었다.

그리고 두 번째 책은 2020년에 수필문예지인 『에세이스트』 잡지사에서 『산에는 길이 있네』라는 제목으로 출판을 했었다. 나는 이 『산에는 길이 있네』 수필집을 내가 그동안 살아오면서 고비마다 겪어왔던 사건의 흔적들을 기록한 자전적인 글로 꾸몄었다.

나는 『산에는 길이 있네』 수필집을 내 고향 구례문인협회 회원님들께 한 권씩 증정해 드렸다. 그리고 당시 내가 치아가 좋지 않아 순천의 한 치과의원에 다니고 있었는데 그 치과원장님에게도 한 권 선물했었다. 치과 원장님은 내 작품을 읽어보시고 내가 그동안 살아왔던 과거가 안타까우셨는지 내가 치과에 지불해야 할 잔금 오십만원을 직원에게 받지 말라고 하여 나는 잔금 오십만원을 면제 받았었다.

그리고 치과에서 치료를 마치고 처소로 돌아오려고 차를 운전하고 구례읍 가까이 오고 있는데 휴대전화가 울려서 받았다. 어느 분이 나를 만나기 위해서 구례읍 버스 차부에 나와 있는데 어느 버스를 타고 어느 지점에서 내려야 되느냐고 물어왔다. 그래서 내가 지금 순천에서 구례읍으로 가고 있으니 차부에서 조금만 기다리시라고 하고는 곧바로 정류장에 들려서 전화를 주셨던 분을 만나보았다. 연세가 많아 보이는 영감님이셨다.

영감님의 첫 인사말은 내 수필집 『산에는 길이 있네』를 어디서 구해 보시고는 나를 한번 만나보고 싶어서 전화를 하셨다는 것이었다. 영감님의 성함은 최종○씨였으며 구례읍에서는 거의가 다 아는 분이었다. 영감님은 우선 가까이에 있는 자기 처소로 가자고 하여 나는 영감을 따라서 그의 댁으로 갔다. 나는 할머니가 내어 온 커피를 한 잔 마시고 나서 차분히 영감님의 이야기를 들을 수가 있었다.

영감님은 어려서 일본에 건너가서 일본에서 초·중학교를 마치고 해방되어 한국에 귀국해서 건축업에 종사하여 남부럽지 않은 재산을 모았으나 그 많은 재산을 사기꾼을 만나서 모두 날려버리고 지금은 빈털터리가 되었다는 것이었다. 만나는 사람들마다 다 사기꾼이었다고 했다. 모두가 처음에는 정직하고 믿음직하게 보였으나 지나고 보면 다 사기꾼이었다는 것이었다. 영감님은 금년 연세가 95세로서 건강도 좋지 않아 세상을 얼마 못 살 것 같다고 하면서, 마지막 소원은 세상을 정직하게 살려고 노력하는 사람을 한 번 만나보는 것인데 아직껏 만나지 못하고 있다는 것이었다. 그러는 과정에 어디서 내 수필집을 빌려보고는 나를 한번 만나보고 싶었다고 말씀하시었다. 그간 남성도 만나고 여성도 만나보았으며 기독교인도 만나보고 불교인도 만나 보았으나 지나고 보면 모두가 자기를 속인 사기꾼뿐이었다고 하소연을 하시었다.

나는 이렇게 영감님과 만나서 금년 삼 년째 교류하며 지내고 있다. 그러는 과정에 이 영감님과 친하게 지내오신 또 한 분의 영감님을 만나게 되었다. 이 분의 성함은 서재○이며 구례읍에서 노인회장까지도 지내신 지명도가 높으신 분이었으며 부로크공장도 운영하다 지금은 아들에게 물려주고 쉬고 계신다. 이 분 역시 신용없는 사회에 환멸을 느끼고 정직하게 사는 사람을 한 번 만나보고 싶은 소망을 품고 살아 오신 분이었다.

이분에게는 이런 사연이 있었다. 젊어서 한창 사업을 할 때 한 거래처에 몇 백만 원의 돈을 송금을 해 주었는데, 안 받았다고 우기는 것이었다. 그래서 돈을 주었다는 것을 확인하기 위해서 비가 억수로 쏟아지는 우중에 차를 급히 운전하고 가다 전봇대를 들이받아 오른쪽 다리를 잃고 반신불수가 되었다. 금년 십오 년째 장애인 생활을 하고 계시는 분이었다. 이 분 역시 생의 마지막 소원이 삶을 거짓없이 정직하게 사는 사람을 만나서 같이 지내보는 것이라고 하소연 하시었다.

나는 요즘 시간이 허락하는 대로 이 두 분의 노인을 모시고 시장에도 가고 다방에도 들러 마음을 위로해 드린다.

이 두 분의 노인을 만나면 젊은 사람이 애인을 만난 것처럼 반가워하시고 기뻐하신다. 나 역시 이 두 분 노인을 만나면 즐겁고 삶의 보람을 느끼는 것 같아 흐뭇하다.

나는 부족하고 못나서 항상 남의 뒷줄에만 서 왔었는데 글을 마치고 보니 은근히 내 글을 자랑한 것만 같아 너무 쑥스럽고 죄송하다.

남의 신앙

"스님! 고향 교회에서 세례를 받으려고 하향했습니다. 그동안 몇 차례 그곳을 찾으려고 했었으나 번번이 뜻을 이루지 못하고 말았습니다. 지금 생각해보면 하느님의 뜻이 작용했었다고 믿어집니다. 뭔가 붙들지 않으면 쓰러질 것 같은 허탈한 상태로 지난 몇 년간을 살았던 제가 만약 스님을 자주 찾아뵈었더라면 아마 지금쯤은 머리를 깎은 여승이 되어 있을지도 모를 일입니다. 그러나 지금은 하느님 외에는 어느 신神도 존재하지 않으며 하느님을 믿는 기독교 외에는 참 종교는 없음을 확신하는 제가 되어 있습니다. 그러한 저의 입장에서 스님을 생각할 때 스님의 생활이 안타깝기 짝이 없습니다. 이 세상의 진리는 하나이며 그 진리를 믿는 우리 신자들은 참 진리를 모두에게 전해야 할 의무가 있습니다. 스님을 위해서 기도하겠으니 어서 그 생명 없는 우상숭배의 미신 종교에서 벗어나 참 생명의 길을 택하시기 바랍니다."

이는 어느 소녀로부터 받은 편지의 내용이다.

이 비슷한 이야기들은 내가 승려가 된 후 많은 사람들과 대화 과정에서 가끔 들어왔었기에 새삼스러운 것은 아니지만 이처럼 나를 설득하기 위한 목적에서 한 이야기는 처음 듣는 것이므로, 나로서는 충격적인 일이 아닐 수 없었다.

그러나 오늘의 현실을 가만히 생각해 보면 비단 이 소녀만이 자기중심적인 도그마에 빠져있는 것만은 아닌 것 같다. 천도교인을 만나면 천도교만이 이 세상에서 가장 훌륭하다고 하고, 통일교인을 만나면 통일교만이 그렇고, 또 다른 교인을 만나면 그 역시 그러한 말을 서슴없이 한다. 그리고 나 역시 우리 불교가 이 세상에서 가장 훌륭한 종교라고 믿어왔음은 숨길 수 없는 사실이다.

그러나 나는 나의 신앙생활의 연륜이 깊어갈수록 차차 남의 신앙에 대해서도 이해를 해가고 있다. 나에게 내 신앙이 값지고 소중하듯 남들은 또 자기의 신앙세계가 무엇과도 바꿀 수 없이 귀중하다는 것을 인정하고 싶어지는 것이다.

종교는 믿을 만한 가치를 느끼지 못하다가도 관심을 갖다 보면 충분히 신앙할 만한 가치가 생기는 법이다. 역시 이 세상에서 가장 아름다운 것은 우리 어머니의 눈동자이지 남의 어머니의 눈동자일 수는 없는 일이다.

나는 나에게 신앙상담을 해오는 분들에게 "불교만이 세상에서 가장 유일한 종교니 불교만을 믿으라"는 말을 되도록 삼가해왔다. 다만 오랜 역사가 있고 많은 민중의 호응을 얻고 있는 종교라면 어느 종교이건 다 좋은 종교이니 생활에 무리없이 가장 마음에 드는 한 종교를 택해 믿으면 좋다. 그러나 무엇보다도 중요한 것은 자기 양심을 소중히 간직하며 앞길을 밝혀 가는 것이라고 일렀다. 그러한 삶의 태도가 곧 부처의 뜻이요 하느님의 뜻이라고 생각되었기 때문이다.

물론 내가 무식한 탓으로 원칙에서 벗어난 틀린 이야기를 했을지도 모른다. 그러나 나는 내 양심에 조금도 부끄럼이 없었으며 그러한 내 신앙관보다 더 값지게 느껴지는 진리를 나는 아직 모르고 있기에 어쩔 수 없는 일이다.

만약 이러한 내 생각이 절대적으로 그릇된 것이라면 이 세상에는 많은 종교들이 있는데 각 종파마다 교리가 상이한 그 성전의 절대성에만 집착하여 타 종교에 대해서는 무조건 배타적인 입장에 서게 된다면 이보다 더 큰 독선과 아집이 어디 있겠는가. 사회를 정화한다는 종교인들이 오히려 사회의 질서를 어지럽히고 파괴하는 결과가 되고 말 것 아니겠는가.

보라. 기독교는 우주만물을 절대자인 신이 창조했다고 하고, 불교에서는 만물의 생성을 인연소치因緣所致라고 하며, 유교에서는 태극에서 유출되는 음양의 화합이라고 말하지 않는가. 과연 그 어느 것이 틀림없는 진리일 것이며 이 여러 가지 길 중에서 그 어느 문을 두드려야 번뇌에 시달리는 어린 양들은 안심입명安心立命할 수 있고 영생극락을 얻을 수 있을 것인가. 현대인에게는 또 하나 선택의 고민이 주어져 있는 것이 분명하다.

그러므로 종교의 진리는 성전의 절대성에서보다는 가치면에서 찾는 것이 옳다는 것은 자명하다. 어느 종교의 성전을 보든 만물의 생성과정이나 인생의 방향을 설명하는 내용은 다르지만 사람을 올바르게 인도하여 우리의 삶을 아름답고 복되게 꾸미려는 목적은 동일하다. 이것이 각 종교가 그 색채는 달리할지라도 한 정신 속에 묶여진 진리성이라고 보아도 무방

하지 않을까 싶다.

절대자를 섬기는 것은 획일적인 것이 아닌 다양한 것이다. 모든 사람들이 다 하느님께 나아갈 수 있으나 각자 나가는 길은 다르다고 하지 않던가. 한 가지로밖에 섬김을 받을 줄 모르는 하느님이시라면 그게 무슨 하느님이겠느냐고 어느 달관자는 말하지 않던가.

오늘을 함께하는 모든 종교인들은 자기의 신앙과 이념을 돈독히 갖는 것도 중요하지만 남의 신앙과 이념도 못지않게 소중하다는 것을 인정하는 것 또한 중요한 일이다. 그러한 마음의 자세가 모든 사람들의 가슴속에 자리할 때 강자와 약자, 있는 자와 없는 자는 하나가 되며 치자治者와 피치자는 서로 훈훈한 마음으로 대하게 되는 사회풍토가 조성되리라고 본다. 그리하여 사상과 체제가 다르고 국가와 종족이 다를지라도 모두는 다 같은 인간이라는 절대가치의 공존의 광장에서 삶을 향유할 수 있는 화목하고 복된 사회가 건설되리라고 믿는다.

나는 언젠가 신문에서, 미국 행정부에서 최신 무기를 만들기 위해 의회에 예산을 요청했을 때 그 예산 통과를 반대했던 한 의원의 말을 지금도 기억하고 있다.

"이 예산이 통과되어 만들어질 무기의 공격을 받고 쓰러져 죽어야 할 그 사람 역시 인류의 한 사람이다."

이 얼마나 절실한 자비와 사랑의 외침인가. 이 사람을 굳이 법당이나 교회에 나오게 하여 염불을 외우게 하고 찬송가를 부르게 할 필요가 있을까? 하느님의 가르침에 충실하던 사람이 승려가 되고 부처님의 가르침에 충실하던 사람이 기독교인이 되는 것이 절대자의 입장에서 볼 때 어떠한 의미가 있을까? 인간으로서 성실하고 자기 양심을 소중하게 지킬 줄 아는 사람에게 신앙이 외려 흠집을 만드는 것은 아닐까?

누가 뭐래도 모든 종교는 이 세상에서 악을 청산하고 선한 세계를 건설하여 인류에게 행복을 선사하는

데 그 목적이 있다. 그러기에 불교에서는 '제악막작 중선봉행(諸惡莫作 衆善奉行 : 모든 악을 짓지 않고 모두에게 선을 행함)'을 실천의 최고 덕목으로 삼는다.

나는 기독교에 대해서는 잘 모르지만, 마태복음 7장 21절에 보면 '나더러 주여 주여 하는 자마다 다 천당에 가는 것이 아니라 하늘에 계신 내 아버지의 뜻에 따라 사는 자라야 천당에 가느니라'고 되어 있다.

나는 이 말씀을 성경 잘 읽고 찬송가 잘 부르고 교회에 잘 다닌다고 해서 구원을 받는 것이 아니라 하나님의 뜻인 착하게 사는 사람이 구원을 받는다는 것으로 이해하고 있다.

이것은 곧 우리 인간이 인간답게 살기 위해서 인간 상호 간에 지키며 요구하고 확인해야 할 인간의 조건이 아닌가. 단 인간이 인간에게 요구함보다는 절대자의 이름으로 요구했을 때 보다 절실한 사명감을 느낄 수 있고 보다 큰 감화가 가능하기에 절대자의 이름이 신성하고 고귀한 것이 아닐까?

아직도 헐벗고 굶주리는 이웃에게는 인색하면서도 부처 앞에 엎드려 복을 비는 불교인이 있으며 교회의 새벽 종소리가 새로운 공해 문제화되고 있는 현실에 있어서 과연 우리 종교인의 자세는 어떠해야 할 것인지 한번 깊이 생각해봐야 할 문제인 것 같다

(1979. ≪여성동아≫ 5월호)

산사의 겨울 준비

지리산골의 겨울은 유난히도 매섭다. 눈도 많이 오고 바람도 세차다. 겨울도 좀 빨리 찾아온 것 같다. 그래서 산골에서는 대개 10월이면 겨울 준비를 서두르고 눈이 오기 전 11월이면 모든 준비를 끝내야 된다. 겨울에 아궁이에 지필 땔감도 넉넉히 준비를 해야 되고 더럽혀진 문종이도 뜯고 창호도 새로 바른다. 산골짜기에서 흘러 내리는 식수 호수도 얼지 않게 단단히 싸매야 된다. 시장에서 새 콩을 팔아다 가마솥에다 삶아 하루 종일 식구대로 방아를 찧어 내년에 장 담글 메주를 양지바른 곳에다 매달아 놓았다. 이제

남은 일은 김장이다. 김장은 일거리가 많아 참으로 버겁다. 팔아온 빛 좋은 고추는 농약 제거를 위해서 물수건으로 하나씩 닦아서 햇볕에 말려야 방아를 찧을 수 있다.

무 배추는 가을 내내 밭에서 노루 고라니 등 산짐승들의 피해를 막기 위해서 허수아비를 만들어 세우고 군데군데 촛불을 밝혀 지켰지만 그래도 삼분의 일 정도는 그들이 나눠갔다. 그래도 다 가져가지 않은 것을 위안으로 삼아야 된다. 스님께서 "다 같이 산속에 사는 식구들인데 그들을 위해서 미리 밭 한 다랑이를 더 심으셨다"니 할 말은 없다.

김장을 하는 동안은 온 대중이 다 나서서 울력을 해야 된다. 밭에서 무 배추를 뽑아 날라야 되고, 무는 절반은 김장용으로 씻고 반은 땅을 파고 얼지 않게 묻어야 겨울 내내 싱싱한 찬거리가 된다. 배추포기는 반으로 칼집을 주어 소금물에다 숨을 죽인 후 깨끗이 씻어서 물이 빠지도록 쌓아 놓는다.

또 맛을 낼 양념준비가 태산이다. 큰 가마솥에다 무 다시마 등의 여러 가지 재료를 넣고 하루 종일 장작불을 지펴 삶아 맛을 우려내야 한다. 이 물에다 청각과 고춧가루를 버무려 양념으로 쓴다. 일 년 행사 중 김장이 제일 힘겹다. 식구가 많지 않은 우리 암자庵子에서는 배추 백 포기 정도면 충분하지만 어려운 이웃들과 나눠야 하기 때문에 해마다 이천여 포기씩을 해오고 있다. 작은 암자로서는 대 역사가 아닐 수 없다. 때문에 김장 때는 신도회 간부들은 물론이고, 이웃 마을에서 십여 명의 아주머니들을 모셔 와야 일을 제대로 처리할 수 있다.

김장이 끝나면 또 이웃들에게 날라야 된다. 가까운 곳은 봉고차로 나르지만 외지에는 택배로 부쳐야 된다. 재작년까지만 해도 큰 통에다 담아서 부쳤지만 작년부터는 비닐에 넣어 규격박스에 담아야만 택배회사에서 받아준다. 금년에도 예년처럼 서울 부산 광주 대구 인천 거제도의 선희네 집에까지 다 부쳤다.

이렇게 김장 배송까지 마쳤으니 이제 겨울 준비는 다 끝났는가 싶었는데 생각하니 한 가지가 빠졌다. 사람이 기르는 동물들 중에서 유독 추위를 많이 타는 나비(고양이)의 집을 미처 마련해 주지 못했다. 식재료를 넣어두는 지하방에 습기를 제거하기 위해서 문을 열어두면 쥐들이 들어가서 이것저것을 쪼아놓고 어지럽혀 놓는다. 그래서 문 앞에 매어두어 쥐들의 출입을 통제할 목적으로 스님께서 금년 광주 어느 골목길을 지나시다가 고양이 소주집에 들러 사정하여 데리고 온 고양이다.

'이거 내일 잡아서 소주 내려야 할 것인디, 스님이 달라고 졸라쌍깨 줍니다. 값이나 잘 주시오.'

묶여 있는 고양이 목줄을 풀어서 스님에게 건네면서 주인아저씨가 한 말이었다. 하루만 늦었더라면 소주로 내려질 고양이였다.

그런데 절에 온 고양이는 운동을 시키기 위해서 잠시만 풀어놓으면 여기저기 아무 데나 똥오줌을 배설

해놓기 시작했다. 아무리 길을 들이려고 노력해 보았지만 쉽게 고쳐지질 않았다. 그래서 가을이 되면서 아랫마을 식당집으로 보내진 것인데, 얼마 안 있어 다시 절로 찾아와서 할 수 없이 기르기로 한 것이었다.

다음날 나는 스님에게서 얼마간의 예산을 얻어 고양이집을 지어줄 재료를 구하기 위해서 읍으로 차를 몰았다. 운전을 하면서 헤아려보았다. 추운 산골이니 목재상에 가서 두꺼운 판자나 합판을 구할까. 아니면 지어놓은 강아지 집을 하나 사다가 고양이집으로 쓸까. 어느 것이나 다 괜찮을 것 같았다. 그러나 한편으로는 스님의 비위를 맞추려면 다 틀리는 계산일지도 모른다는 생각이 들었다. 왜냐하면 스님은 산골에 사는 모든 짐승들까지도 다 한집안 식구로 생각하고 계셨기 때문이다. 단순히 고양이를 고양이로 만 보는 것은 처사處士인 내 계산일 뿐 스님의 생각과는 거리가 있을 수 있기 때문이었다.

나는 목재상과 강아지집을 파는 철물점의 갈림길에서 스님에게 전화를 걸었다. 합판과 강아지집 중에서 어느 것으로 할 것인가를 물어보았다. 스님은 예상했던 대로 알아서 준비를 해오라고 하신다. 알아서 준비를 해오라는 것은 나를 신임한다는 뜻이겠지만 나로서는 더 무거운 책임감이 느껴지는 일이었다. 신중하게 선택해야 되었다.

나는 강아지집을 구하기로 결심했다. 그래서 혹한酷寒 때는 담요를 씌워주고 안에는 방석용 전기매트를 구해다 깔아주면 될 것 같았다. 강아지집을 사서 봉고차에 싣고 이번에는 전기장판 집으로 향했다. 그런데 전기장판 집에는 그런 소형은 없다는 대답이다. 보온이 될 만한 소형으로는 찜질팩밖에 없는데 값이 좀 비싸다고 했다. 그래서 나는 그거라도 달라고 주문했다. 주인아저씨는 찜질팩을 내어주면서 이거 어디에 쓸거냐고 물었다.

"고양이 집에 넣어주려고요."

내 대답에 주인아저씨는 정색을 하며 "그까짓 고양이에 게 찜질팩을 다 사다주어요?" 나는 적당히 대답할 말이 없어서 스님께서 자주 하시던 말씀이 생각나서 "다 인연중생因緣衆生인걸요." 했다. 그러자 주인아저씨는 "그거 무슨 뜻이요." "다 같이 사는 식구"라는 뜻이요.

나는 내 대답이 맞는 해석이기를 바라면서 장판집 가게 문을 나왔다. 강아지집과 찜질팩을 차에 싣고 절에 와서 내 계획을 스님에게 설명하자 스님은 흡족하신 표정이었다. 고양이 집은 겨울이니만큼 바람막이가 잘 되는 곳에다 설치해 주는 것이 좋을 것 같았다. 그래서 화장실 가는 쪽 세면장 뒤쪽에다 옮겨 놓았다. 그리고 전선을 늘여 찜질팩에다 연결해 주고 그 위에다 방석을 하나 깔아주었다. 이만하면 금년 추위는 무난할 것 같았다. 그날 밤 자다가 깨어 화장실에 가면서 고양이집 앞에서 나직이 "나비야" 하고 불러보았다. 그랬더니 속에서 "야옹" 하고는 반응을 해온다. 사람과 짐승과의 교감, 어쩌면 이것은 대우주 법계와의 교감이 아니겠는가.

나는 내 방으로 들어와 다시 잠을 청하면서 지금 이 순간 우주 공간을 함께 하고 있는 일체중생은 아무리 미미한 것일지라도 다 그 자리에 꼭 그렇게 있어야 할 필연必然이 있어서 있는 것이다. 우리는 이 엄숙한 질서를 인정하고 아름답게 가꾸는 데 미력이지만 꼭 동참해야 되지 않을까를 생각하면서 포근한 잠에 빠져들었다.

흐르는 물처럼

언제나 흐르는 물은 부패하지 않는다. 흐르는 물은 항상 새롭게 만나고 환경에 적응하며 미래를 향해 개척해 나가는 진취적인 기상이 있다.

그래서 흐르는 물을 보면 나태해진 마음에 신선한 감동을 얻곤 한다. 아무리 험상궂게 생긴 바윗돌이 앞을 가로막아도 화내지 않고 비켜가고, 아무리 높은 둑이 앞에 나타나도 좌절하지 않고 조용히 참으며 때를 기다려 둑을 넘는 인내와 슬기가 있다.

나는 때로 어지러운 일들로 마음이 시끄러울 땐 혼자 조용히 계곡을 찾는다. 세수도 하고 손발도 씻고 바윗돌에 앉아 도란도란 흐르는 개울물 소리를 들으면 한결 마음이 개운하고 느긋해진다.

개울물 소리는 어느 달관한 도인의 설법처럼 나태한 마음에 싱싱한 활기를, 분노한 가슴에 훈훈한 관용과 이해를, 초조한 심정에 느긋한 여유를 느끼게 해준다.

개울가에 오면 온갖 잡다한 세정의 슬픔과 분노와 초조를 잠재울 수 있는 진리의 화음을 들을 수 있어 좋다.

그러나 이 개울물 소리는 누구에게나 다 진리의 화음으로 들려지는 것은 아니다. 어린이를 유괴한 유괴범에게는 자기의 팔목에 수갑을 채우려고 쫓아오는 형사들의 발자국 소리일 수도 있고 남모르게 잘못을 저지르고 죄를 숨기고 있는 사람에겐 저승사자의 무서운 호통소리일 수도 있다.

자연은 우리들에게 하나의 밝은 거울이다. 그래서 자연 앞에 설 때는 항상 마음을 바르게 가져야 한다.

추한 모습으로 거울 앞에 서면 추한 모습일 뿐 아름다울 수는 없다. 자연은 거짓이 없다. 자연은 곧 진리이기 때문이다.

우리 인간은 자연을 등지고는 살 수가 없다. 자연에서 와서 자연과 함께 살다가 다시 자연의 품으로 돌아가는 것이 우리 인생이다. 그러므로 우리는 자연 앞에 겸허해야 한다.

자연을 배우고 자연에 순응하면서 살아가야 한다. 자연을 극복한다는 것은 자연의 섭리를 알아 그에 따르는 것이다. 인간의 두뇌로 과학이 발달하여 우주를 정복하고 원자무기로 지구를 파괴할 수 있는 능력을 보유하고 무서운 질병을 퇴치할 수 있는 의술을 얻음도 모두가 다 이 자연의 섭리를 터득하여 그 일부분을 활용하고 있을 뿐이다.

우리가 자연 앞에 설 때는 자만과 시기와 과욕을 버리고 태어날 때의 순수한 본마음으로 들어가야 한다. 그러면 자연의 거울 앞에 나의 본 모습을 발견할 수 있는 것이다.

모든 헛된 욕심을 버리고 나 자신까지도 버려 자타自他의 분별이 끊겼을 때 무아지경에 들어 커다란 깨침의 각覺을 얻을 수 있을 것이다. 어느 시대 어느 때를 막론하고 우리들에게 가장 절실하게 요구되는 것은 슬기로운 사람의 자세이다.

슬기로운 사람의 바탕은 곧 지혜인 것이다.

지혜가 부족하기에 인간 살육의 전쟁과 파당이 일어나고 사회혼란이 일어난다. 지혜가 없기 때문에 사람들은 나태하고 게으르게 된다. 게으르기에 발전이 없고 발전이 없으니 삶이 지루하고 고달프다. 나태하여 낙오된 사람들에겐 현실이 짜증스럽고 불만스러울 수밖에 없다. 불만이 쌓여 고통이 된다. 고통과 함께 하는 사람은 세상이 곧 지옥인 것이다.

이 지옥 같은 삶을 면하기 위해서 우리들은 슬기로워야 하고 지혜로워야 한다. 지혜로운 사람이어야 근면 검소하고 인내할 수 있고 양보할 수도 있다. 지혜로운 사람이어야 나서지 않아야 할 자리에 무모하게 나서서 설치지 않는다.

우리는 쓸데없는 자만과 아집 때문에 커다란 망신과 불행한 결과를 자초하는 경우를 자주 본다.

겨루지 말았어야 할 일을 겨루고 다투지 말아야 할 일을 다투다 서로 수원지간으로 갈라서고 만다. 현실이 각박하고 부족하기 때문에 신용을 잃고 거짓말을 하게 된다고들 한다. 일자리가 없으니 불만이 많고 할 일이 없으니 불평할 수밖에 없다고들 한다.

그러나 과욕을 버리고 정신을 똑바로 차려 내 주변을 살펴보면 내가 설 자리가 어딘가는 있고 해야 할 일 거리도 얼마든지 있다. 남이 자가용을 타니 나도 타야만 되겠고 남이 좋은 직장을 가졌으니 나도 그런 직장이 있어야 체면이 선다는 사치스런 생각을 버려야 한다. 그리고 우선 그러한 입장에 도달할 수 있는 노력을 열심히 해야 된다.

노력은 하지 않고 남의 경우만을 쳐다보며 부러워

만 하다가는 때를 놓치고 영원히 낙오자가 되고 만다. 이미 나는 늦었다고 포기하지 말고 나는 늦었다는 것을 깨닫는 그 순간부터 두 주먹을 불끈 쥐고 내 분수에 맞게 목표를 세워 열심히 노력하면 그 사람은 남에게 뒤진 거리를 얼마든지 따라잡을 수 있을 것이다.

쉬지 않고 흐르는 물은 항상 신선하고 생기에 넘친다. 한곳으로 수십 년 수백 년을 흐르는 물은 커다란 바윗돌을 갈라놓고 구멍을 뚫는다. 쉼 없이 흐르다 보니 그런 기적 같은 현실이 나타나는 것이다.

우리도 결과를 당장 얻으려는 성급한 생각을 버리고 노력하는 자세, 그것이 곧 내 삶의 본령이라고 믿고 그 결과는 멀리에 두고 기다려야 한다.

열심히 기도하며 엎드려 매달려도 돌아보시지 않는 절대자의 무관심을 이해할 수 있는 입장에 섰을 때 비로소 나는 그의 종일 수 있는 자격을 인정받게 되는 것이다. 희망을 갖고 기다리는 자세야말로 아름답다.

열심히 노력하는 사람에겐 오직 창조와 성취의 희망찬 기쁨이 있을 뿐 좌절은 없다.

합봉이변合蜂異變

산야의 나뭇가지에 푸릇푸릇 잎들이 피어나는 오월은 토종벌을 기르는 한봉가韓蜂家에서는 새로 분봉되어 나오는 벌을 받기에 한창 바쁜 나날들이다. 그해 처음 나온 첫배를 받아놓고는 벌통 앞에다 술을 따르고 절을 한다. 경사진 곳에다 벌을 받아 놓을 때는 그 순서에 따라 차례로 내려놓아야지 먼저 나온 벌을 아래쪽에다 놓고 뒤에 나온 것을 위쪽에다 받아 놓아도 안 된다. 벌의 세계에는 엄격한 규율과 질서가 있기 때문이다. 일벌들은 잠시도 놀아서는 안 된다. 역사役事를 나갔다가 돌아올 때는 빈 몸으로 돌아올 수가 없다. 문지기가 지키고 있다가 다시 내쫓기 때문이다.

지금까지의 경험에 비추어보면 첫배는 오전 9시에서 12시 사이에 주로 나온다. 그 통에서 다시 두 배의 새끼 벌은 첫배가 나온 후 정확히 일주일 후에 분봉되어 나온다.

그러나 두 번째부터는 나오는 시간이 첫배처럼 정해져 있는 것이 아니라 오전 오후를 가리지 않고 해가 떠서 지기까지의 사이에 나오기 때문에 이때는 아무리 바쁜 일이 있어도 벌통 곁을 떠나서는 안 된다. 주로 벌이 나오는 날은 날씨가 청명하고 맑은 날이며 흐리거나 구름이 많이 끼어 있는 날은 잘 나오지 않는다.

벌은 각 통마다 다 산란을 해서 새끼를 치지만 그렇다고 다 분봉이 되어 나오는 것은 아니다. 벌은 아무리 많이 길러도 기르는 통수의 절반 정도만 분봉을 한다. 분봉을 많이 하는 통은 일 년에 다섯 배까지도

하지만 세 배 이상은 세가 약해서 별 재미를 보기 어렵다. 벌을 오래 길러 벌의 습성을 잘 아는 사람들은 세 배까지만 받고는 벌통을 떠들고 왕대(여왕봉)를 바늘로 찔러 더 이상 여왕이 태어나는 것을 막아 분봉을 조절하기도 한다. 집을 나온 벌이 공중에 떠돌다가 붙는 장소는 약속이나 한 듯이 대개 한두 군데로 정해져 있다. 벌을 받기에 좋은 곳에 자리를 잡으면 다행이지만 그렇지 않고 높은 나뭇가지 끝이나 벼랑 위의 바위틈 같은 곳에 가서 앉으면 큰 고역이 아닐 수 없다. 사람이 올라가지도 못할 만큼 위험한 나뭇가지 끝에 가서 붙으면 이때는 긴 장대 끝에다 멍덕을 매달아 한 사람이 붙잡고 또 다른 한 사람은 다른 장대 끝에다 생쑥을 뜯어 매달아 붙어있는 벌 위에다 멍덕을 대고 쑥으로 벌을 쓸어 올려야만 된다. 일이 쉬우려면 벌이 쉽게 멍덕에 옮아 붙지만 잘 붙지 않고 애를 먹이면, 장대를 들고 있는 팔이 아파 여간 고역이 아닐 수 없다. 만약 이때 바람이라도 불어 붙들고 있던 장대 끝이 조금이라도 흔들려 나뭇가지에 부딪치면 엉겨 붙으려던 벌들이 쏟아져 내려 벌을 받으려던 사람들은 여지없이 벌의 공격을 받게 된다. 그러나 벌을 수십여 통씩 많이 기르는 사람들은 이보다 더 큰 어려움이 있다. 그것은 여기저기 여러 벌통에서 벌들이 한꺼번에 쏟아져 나와 한 장소에 가서 같이 붙어버린 경우이다. 두 곳으로 갈라서야 할 벌들이 같이 합봉이 되어버린 경우이다. 실로 높은 나뭇가지에 유난히도 크게 엉겨 붙어있는 벌을 바라볼 땐 난감하기만 하다.

낮은 곳이라면 벌을 받으면서 여왕을 골라내어 인위적으로라도 분봉을 시킬 수도 있겠지만 높은 나뭇가지에 붙어 있는 것은 그럴 수도 없는 일이다. 흔한 일은 아니지만 이렇게 두 통이 함께 합봉이 되는 일 외에 새 통에서 나온 벌들이 한 데 합봉이 되는 경우도 있다. 세 통에서 나온 벌들은 숫자가 너무 많아 받아 내리기도 더욱 힘이 들어 여간 어렵지 않다. 이런 경우엔 큰 벌통을 준비해 놓고 멍덕도 제일 큰 것으로 골라 조심조심 정성을 다해 주문이라도 외우면서 받아야만 된다. 함부로 하면 벌들이 공중에 떠서 먼 곳으로 날아가 버리기 때문이다. 벌은 한번 나와서 처음 붙어 있는 곳에서 받아야지, 그렇지 못하고 두 번째로 자리를 옮길 때는 아주 먼 곳으로 날아가 버리는 경우가 많다. 이렇게 힘든 작업을 해서 어렵게 벌을 받아놓는다고 그것만으로 내 벌이 되는 것은 아니다. 세가 강한 벌일수록 받아 놓으면 금방 도망가버리는 경우가 많다. 그래서 모기장으로 만든 망을 준비해놓고 잘 지켜야 된다. 벌이 나가려는 기미가 보이면 재빨리 벌통에 망을 씌워 막아야 된다.

이런 벌을 한 통에다 받아놓고 가만히 관찰해 보면 세 여왕들이 조화를 이루지 못하고 세 다툼을 하며 서로 싸우느라 많은 일벌들이 희생을 당한다. 그러다가 결국 세가 약한 쪽의 벌이 자기 식구들을 데리고 다시 분가를 해 나가고 만다. 개중엔 분가해 나가지 않고 겉으로는 조용히 지내는 듯싶은 경우도 있다. 그러나 여러 날을 자세히 살펴보면 벌통 속에 세가 약한 여왕벌의 죽은 시체가 밑바닥에 뒹굴고 있다. 합봉이변이 아닐 수 없다. 뭉치면 살고 흩어지면 망한다는 말은 많은 부하를 거느리고 통솔하는 여왕벌의 생리에는 맞지 않는 역설일지도 모른다.

자연의 조화가 이럴진대 어찌 우리 사람들의 집단인들 이에서 예외일 수가 있겠는가? 역시 세 집단이 한 집단으로 단합하기란 몹시 어려운 일일지도 모른다.

『신동아』(1991년 6월호)

박빙여림薄氷如臨

아무리 생각해도 남 앞에 자랑할 만한 것이라고는 아무것도 없다. 그저 부족하고 못난 것뿐이다. 그런 내게 김종완 선생께서 연재를 청탁해 주셨다. 그간 겪었던 역경의 과정들을 글로 한 번 정리해 보라는 것이었는데 반가우면서도 한편 염려가 앞섰다. 이 일은 내가 살아생전에 언젠가는 꼭 한 번 해야 될 일이라고 마음속에 다짐을 하고 있었던 일이었기 때문에 우선 반가웠고, 그럼에도 불구하고 오래 전 『신동아』에 글 한 편 발표하고 홍역을 치렀던 상처가 도지면서 염려가 앞섰다.

사실 언젠가 어떤 작가로부터도 비슷한 제의를 받은 적이 있었다. 그러나 그때는 아직 때가 아니라는 생각에서 그 제의에 동의하지 못했었다. 이제 그로부터 삼십 여 년이 흘렀다. 그러나 현실은 아직도 그때와 같은 혼탁한 일들이 현재진행형으로 전개되고 있는 실정이다. 아무래도 글을 쓰다 보면 주변의 혼탁한 일들에 대해 언급하지 않을 수 없다. 어찌 보면 이 언급은 또 하나의 시비를 자초하는 행위일지도 모른다.

시비에 휘말리기가 싫어서 내 삶의 기록을 차일피일 망설이고만 있던 중이었는데 이번에 또 김종완 선생의 청탁을 받게 되었다. 좀 더 젊었을 때는 물불 안 가리고 여러 가지 일들에 간섭하고 나섰었으나 이제는 솔직히 너무 지치고 힘겹다. 그러나 두렵고 염려된다고 하여 마냥 기다릴 수만은 없는 일, 시간은 너무 촉박해있다.

차제에 망설이고만 있던 나에게 어서 꿈에서 깨어

나라는 일침을 가해주신 김종완 선생께 감사를 드리며 우리 독자님들의 성원이 있을 것이라 믿고 용기를 내어 되도록 시비거리를 피해가면서 부끄러운 흔적들을 적어보려 한다. 그러나 글을 쓴다는 일이 살얼음을 걷는 듯 위험하다(박빙여림薄氷如臨)는 것은 이미 충분히 경험한 바이다.

눈을 감으면 아무것도 안 보이지만 뜨고 보면 이 사바세계의 도처에 공감하지 못할 일들이 산재해 있다.

우리들에게 지금 절실히 요구되는 것은 그래도 지구는 돌고 있다는 것을 말할 수 있는 용기와 행위일 것이다.

아기로 출가

산중에서 살다 보니 마음이 산란할 땐 자주 산속을 걷는다. 숲속을 거닐다 보면 마음이 고요하고 차분해진다. 산책길에는 높은 벼랑 끝 바위틈에서 자란 비틀어진 소나무 한 그루가 서 있다. 나는 걸음을 멈추고 그 소나무를 물끄러미 쳐다보는 일이 더러 있다. 바람결에 솔씨 하나가 날아와 뿌리를 내리고 강풍에 시달리며 홀로 자생하고 있는 소나무는 정말로 외롭고 고된 삶을 살고 있는 것만 같다. 내 삶과 다르지 않다는 생각이 들고 서늘한 바람이 폐부로 들이치는 것을 어쩌지 못한다. 안타깝고 애잔하다.

나는 어려서 네 발로 기어 다닐 때, 부모님에 의해 지리산 자락의 한 비구니암자에 맡겨졌다. 부모님은 어디론가 떠나셨고 이후 나타나지 않았으므로 나는 어머님의 얼굴을 기억하지 못한다. 왜 어린 나를 낯선 암자에다 무정하게 버려두고 떠나셨을까. 정확히 그 이유를 알 수 없지만 다만 그 해 흉년이 들어 모두 먹고 살기가 어려웠던 시절이었으므로 암자에 나를 맡기면 배고픈 곤궁함은 덜 겪을 것이라는 생각으로 그리하지 않으셨을까 짐작한다. 그 또한 애틋한 모정이 아니라고 단정지을 순 없다.

나는 성장하면서 얼굴도 모르는 어머니가 몹시 보고 싶었다. 만나볼 수 없는 어머님이 그리워 서러움이 복받칠 때도 많았다. 가슴이 미어지는 아픔을 남몰래 품고 살았다.

누구에게나 있는 부모가 왜 나에겐 없을까? 그것이 내게 찾아온 최초의 질문이었다.

왜 나에게만 이런 불행이 주어졌을까? 참으로 원망

스럽고 통탄스러웠지만 어디에 하소연할 곳도 마땅찮았다. 그저 괴로울 땐 왜 내가 태어났을까, 하고 자탄할 뿐이었다.

인적 드문 산골에 숨어 통곡을 해봐도 답답함은 풀리지 않았다. 꿈에라도 어머님이 나타나주시길 바랐다. 내 머리라도 쓰다듬어 주신다면, 나는 그 손길을 영원히 흡족하게 간직할 수 있을 것 같았다. 하지만 부질없는 공상이고 바람이었다. 항상 갈증과 허전함에 허덕였지만 그것은 나 혼자 해결할 수 있는 일이 아니었다.

어린 나를 길러주신 분은 나이 많으신 여스님이셨다. 나는 그분을 스님이라고 부르지 않고 할머니라고 불렀다. 처음에 왜 그렇게 부르게 되었는지는 모르겠지만 아마 어렸을 때도 스님이라고 부르는 것보다 할머니라고 부르는 것이 더 다정한 정감이 느껴져서 그랬을 것 같다.

여러 스님들 중 위채에 사시는 여스님은 윗방할머

니, 아래채에 사시는 스님은 아랫방할머니라고 부르며 지냈다.

나를 주로 돌봐주시는 스님은 아랫방할머니였다. 그때는 좁은 공간의 암자였지만 각기 은사스님이 다른 세 집안 식구가 같이 살고 있었다. 지금은 다 같은 한 부처님의 제자로서 공동체 생활을 하지만 그때만 해도 은사스님이 다르면 네 식구 내 식구로 구분되어 공양도 각기 솥을 따로 걸고 해결하고 있었다. 자연히 산골의 좁은 밭떼기도 조금씩 나눠서 각기 채소도 심고 곡식도 가꿔 먹었다.

언젠가 암자의 한쪽 모퉁이에 공동으로 모아두었던 퇴비를 서로 많이 가져가려고 하다가 갈등이 생겼다. 나를 길러주신 할머니 스님의 눈에서 슬픈 빛을 봤을 때 어린 나의 마음도 슬펐다. 나도 모르게 상대 스님이 가꿔놓은 밭에 들어가 모종 몇 포기를 발로 밟았다. 아무도 없을 때 밟으면 누구도 모를 줄 알고 한 짓이었는데 어린아이의 발자욱을 그 누가 모를 것인가. 어리석은 짓이었다. 그것이 화근이 되어 더 큰 어른들의 시비로 번졌고 결국 암자 식구들이 아래 큰 절 종무소로 불려가게 되었다. 이때 내 나이 여섯 살 쯤이었다.

우리가 종무소에 갔을 때 다른 임원스님들은 있었으나 주지스님이 부재중이었다. 그래서 어른 스님들은 종무소에서 주지스님을 기다리게 되었고 나는 앞마당에서 놀았다. 종무소 옆 마당가에 있는 포도나무에 탐스런 포도송이가 주렁주렁 매달려 있었고 포도나무 밑에는 벌레 먹은 포도알이 떨어져 있었다. 나는 그 포도알들을 주워 먹으며 놀았다. 그때 내 또래의 아이 하나가 나타나서 내 얼굴을 때리고는 종무소 안으로 사라졌다. 주지스님의 아들이었다. 불교정화가 되기 전이어서 전국 큰 본 · 말사들은 거의 대처승들이 운영을 하고 있을 때였다. 잠시 후엔 나를 길러주신 할머니스님께서 주지스님에게 훈계나 꾸지람을 듣게 되어 있는 처지인데, 어찌 내가 감히 주지스님의 아들에게 좇아가서 시비를 따질 수 있었겠는가.

나는 이때 태어나서 처음으로 힘 앞에서 비굴해야 되는 비애를 맛보았다. 어쩌면 내가 지금껏 살아오면서 주위에서 귀찮다고 모른 척 넘어가려는 불편부당不偏不黨한 일들에 대해서 눈 감지 못하고 시시비비에 목숨을 걸었던 것은 이때 맘속에 각인되었던 억울함이 원인이 되었던 것이 아닌가 싶다.

내가 어려서 자란 이곳 암자는 지금은 지리산으로 오르는 관광도로가 곁으로 생겨서 길가 암자로 변했지만 그때는 첩첩산중의 외딴 암자였다. 하루 종일 사람 하나 구경할 수 없는 곳. 그래서 날아다니는 산새들의 울음소리도 더욱 정답게 느껴지는 고독한 산암山庵이었다. 앞에는 조그마한 대밭이 있고 대밭 속에 아름드리 감나무 세 그루가 있었다. 앙상한 감나무 가지 사이에는 까치들이 살려고 집을 지었다. 그런데 까치들이 부지런히 나뭇가지들을 물어다 집을 지어 놓으면 어디선가 덩치 큰 까마귀떼가 몰려와서 집을 빼앗았다. 까치들은 집을 빼앗기지 않으려고 결사적으로 저항했지만 결국 덩치가 큰 까마귀들을 당해내지 못하고 내쫓기는 신세가 되었다. 집을 빼앗기고 서러운 울음을 울면서 날아가는 까치들이 너무도 가여웠다. 이 살벌한 싸움이 끝나고 나면 감나무 밑에는 머리에 상처를 입고 죽어 있는 까치가 떨어져 있었다. 집도 잃고 짝도 잃은 까치는 얼마나 억울하고 서러울까? 어린 나는 까치가 불쌍해서 호미로 땅을 파고 까치의 시신을 묻어주었다.

나는 어려서부터 이런 현상들에 예민했고 부당한 일이나 강자의 횡포에 대해서, 유독 남다른 적개심을 갖고 성장해왔다.

그리움

나는 어머님이 몹시도 그립고 보고 싶을 땐 괜히 마음이 슬퍼져서 공연히 짜증을 부렸다. 스님 할머님께서 "종안아, 밥 먹자" 하고 나를 부르시면 나는 배가 고프면서도 안 먹는다고 발을 동동거리며 떼를 썼다.

해가 서산마루에 질 때 하늘에 붉은 놀이 펼쳐지면 어디선가 어머님이 나를 바라보시며 손짓을 하는 것만 같았다.

온몸에 힘이 빠져 축 처진 모습으로 법당 앞 기둥에 등을 기대고 앉아서 마냥 해지는 서쪽 하늘을 바라보고 있으면 할머님이 눈치를 채시고 혀를 차셨다.

"또 제 에미가 보고 싶은 게로구나. 그렇게 자주 보고 싶으면 어찌 살 거나. 쯧쯧, 몹쓸 매정한 년, 천륜을 저버리면 천벌을 받는 것인디…."

그런 다음 스님 할머니는 나를 품에 안고 등을 다독여주셨다. 할머니의 품에 안겨 포근한 젖무덤에 얼굴을 묻으면 할머니의 가슴에서는 작설차 향기가 묻어났다. 나는 향기에 취해 슬그머니 할머니의 젖가슴에 손을 집어넣었다. 할머니는 흠칫 놀라시며 "요놈이 어디다 손을 넣어." 말은 그렇게 하시면서도 내 손을 뿌리치지 않으셨다.

나는 할머니의 젖을 만지는 황홀감에 젖어 슬픔을 잊어갔다. 그러나 할머니께서 어머니를 매정한 년이라고 푸념하시는 말씀이 유쾌하게 들리지는 않았다. 나도 때로는 어머니가 원망스러웠지만 그래도 보고 싶은 그리움이 더 간절했다. 피 한 방울 섞이지 않은 스님 할머니께서 나를 불쌍히 거두어주시는 인자함에 대한 고마움도, 어머니에 대한 원망도, 그리움 앞에서는 모두가 봄눈처럼 사라졌다.

나는 스님 할머니께서 어머니에게 천륜을 저버리면 천벌을 받는다고 하신 말씀이 자꾸만 마음속에 걸렸고 혹시라도 어머님이 천벌을 받고 계시면 어쩌나 싶은 생각이 들었다. 늘 마음이 무겁고 슬펐다. 할머니의 젖가슴을 만지는 즐거움보다도 어머니에 대한 염려가 앞섰다. 나를 가슴에 안고 등을 다독여주어도 자꾸만 슬퍼하는 내 표정을 살피면서 할머니는 말씀하셨다.

"어찌 부모 복을 그리도 못 타고 났느냐. 부디 내생來生에는 부모 복 많이 달라고 부처님께 열심히 발원하거라."

스님 할머니는 애잔한 눈빛으로 나를 바라보셨다. 나는 그 후부터 자주 법당에 들어가 부처님께 엎드려 절을 했다.

스님들께서 조석으로 부처님께 예불을 드리러 갈 때면 나도 따라가서 예불을 드렸다. 부처님께 열심히 절을 하면서 부모 복 많이 달라고 맘속으로 빌었다.

이런 내 모습을 보신 어른 스님들은 기특한 일이라고 칭찬을 아끼지 않으셨다. 나는 얼마 전 밭을 밟아 큰절 종무소에 불려갔던 일이 있기 전의 귀염둥이로 돌아가고 있었다. 시키지 않아도 스스로 부처님께 절을 하는 내 행동을 보신 어른 스님들은, 전생에 이곳 암자 스님이었다가 다시 태어나서 이곳으로 온 동자라고 기뻐하셨다.

나는 어머니가 보고 싶을 때면 자주 법당에 들러 부처님께 절을 했다. 법당 중앙의 좌복은 그 절 책임자인 주지스님의 자리로 정해져 있다. 그런 규정이 있는 것을 알지 못할만치 어렸던 나는 중앙에 깔려 있는 좌복에 엎드려 절을 했다.

그러면 어른 스님들은 전생에 이 암자 주지스님이 다시 환생해 오셨으니 그대로 두자며 중앙 좌석을 나에게 양보하셨다. 강보에 싸여 대문 앞에 버려졌던 나는 이 암자 전생 주지스님의 대접을 받으며 어린

시절을 부러움 없이 지냈다.

아침이면 숲속에서 들려오는 뭇새들의 환희에 찬 노랫소리가 즐거웠고 저녁이면 부엉이 울음소리가 자장가처럼 들려와 포근히 잠들었다. 특히 봄 여름밤에는 소쩍새 울음소리가 밤이 깊도록 애처롭게 들려와 내 한을 대신 울어주는 것만 같아 마음에 위안이 되었다.

봄이면 산등성이에 지천으로 피어난 진달래꽃을 따러 뒷동산에 올라갔다. 할머니 스님 상좌인 달순스님의 손을 잡고 뒷동산에 올라갔다. 골짜기 암자에서 보면 하늘이 뒷산 정상에 닿아 있었다. 뒷산 산꼭대기에 올라가면 하늘을 손으로 만져볼 수 있을 것만 같았다.

"달순스님, 우리 하늘에 놀러 가요."

나는 달순스님의 손을 잡아끌었다. 저 하늘나라에 가면 그곳에 어머님이 계실 것도 같았다. 그렇지. 저곳에 어머님이 계시리라는 확신이 들기 시작했다. 어머니를 만나기 위해서 꼭 하늘나라에 가고 싶었다.

며칠을 졸라 그렇게 고대하던 하늘나라인 뒷산 정상에 달순스님의 손을 잡고 힘겹게 올라갔다. 그런데 하늘은 또 저만치 더 높고 더 멀리 도망가 있었다. 금방 울음이 터져 나올 것만 같았다. 달순스님은 나를 달랬다.

"종안아, 하늘이 너를 속인 것이 아니라 원래 하늘은 저렇게 멀리 있는 것이란다."

그러나 나는 그 말이 이해가 되지 않았다. 분명 산 아래 암자에서 봤을 때는 하늘이 이 산꼭대기에 닿아 있었기 때문이다. 그래서 하늘이 나를 속이고 도망가 있는 것만 같았다. 나에게 실망을 안겨준 하늘이 괘씸하고 미웠다. 이때 달순스님이 조용히 물으셨다.

"종안아, 하늘이 너를 속였으니 하늘이 밉지?"

나는 고개를 끄덕였다.

"그러니 종안이도 앞으로 우리를 속이고 거짓말을 하면 안 되겠지요?"

순간 나는 가슴이 쿵 내려앉는 느낌이 들었고 가책마저 느꼈다.

며칠 전, 나는 너무 급하게 똥이 마려웠다. 암자 변소길은 멀고 대변은 급해서 그만 마당가에 앉아서 일을 보았다.

잠시 후 어른 스님들은 왜 여기에다 똥을 눴느냐고 나무라셨다. 나는 내가 그런 것이 아니라 뒷산에서 호랑이가 와서 누고 갔다고 우기며 시침을 뗐다. 스님들은 요놈이 거짓말을 한다고 웃으시며 내 말을 눈곱만큼도 믿지 않는 눈치였다. 내가 거짓말을 하는 것을 어찌 그리도 잘 아실까. 나는 곧 내가 똥을 눴다고 시인을 하고 말았다. 내가 똥을 보고 호랑이가 그랬다고 둘러댔던 것은, 내가 어머니가 보고 싶어 떼를 쓰고 울 때마다 어른 스님들께서 숲속을 가리키며 저기 호랑이가 온다고 나에게 말씀하시며 달랬기 때문에 숲속에는 실제로 호랑이가 살고 있는 줄로 믿고 있기 때문이다. 산에 호랑이가 없다는 것을 알게 되면서 조금씩 철이 들었던 것일까. 어린아이가 철이 들어가는 것도 기실 슬픈 일이다. 그건 기다림을 멈추는 일이기도 하다.

하늘에 올라가 꿈에 그리던 어머님을 만나고 싶었지만, 하늘은 또 저만치 멀고 올라갈 수 있는 공간이 아니라는 것을 알게 되는 것도 슬픔이다. 그렇게 상실과 상처를 통해서 동심은 훼손되곤 했다.

|작품해설|

시공을 초월하는 광대무량한 인연의 세계

— 임종안론

백 남 오

(문학평론가, 경남대학교 초빙교수)

| 작품해설 |

시공을 초월하는 광대무량한 인연의 세계
— 임종안론

백 남 오
(문학평론가, 경남대초빙교수)

1. 암자에 버려진 아이

세상에는 참으로 기구한 운명을 타고난 사람이 있다. 상상조차도 어려울 정도로 힘겨운 삶의 역정이 존재한다. 여기에 그런 운명을 타고난 한 작가와 작품집을 만나본다.

80여 년 전, 해방 전후의 혼란스러운 역사적 공간에서 깊고 깊은 지리산 속의 비구니 승려만 사는 조그마한 암자 대문간에 갓 태어난 아기 한 명이 버려진다. 물론 그 어미는 그럴 수밖에 없는 사정이 있었을 것이다. 그 아기는 자라서 80여 년의 세월을 기적처럼 헤치고 지금까지 살아남아 있다. 여기까지의 사연만 해도 가슴이 먹먹하다. 더구나 그가 작가가 되고 책까지 내었다면 그 삶의 서사가 더욱 궁금할 수밖에 없다. 따뜻한 가족의 사랑을 받으면서 살아온 보통사람에게도 인생이란 팍팍하고 만만치가 않은 일인데 산속에 버려진 아이가 살아서 80년의 세월을 헤치고 작가가 되고 작품집까지 내었다면 그 자체로서 충분하고 훌륭한 서사가 될 수밖에 없다. 바로 임종안 수필가이다. 그는 첫 수필집 『산에는 길이 있네』(2020, 에세이스트)에 이어 이번에 두 번째 수필집 『지리산의 노송』(2024, 수필과 비평)을 펴내게 되었다. 이 두 권의 작품집을 중심으로 그의 삶과 작품세계를 살펴보고자 한다.

독일의 관념주의 철학자 헤겔은 태초에 정신이 먼저 있었다고 생각한 사람이다. 그런데 그 정신은 그 자체 만으로서는 추상적인 것이라 실현이 안 되고 그냥 정신적인 상태로만 남아있다는 것이다. 그래서 정신은 자기 자신을 투사해서 자연을 만들었다고 한다. 따라서 관념에서 물질이 나왔다는 관념론자가 된다. 이와 반대인 물질에서 정신이 발생했다고 보는 입장이 유물론이다. 헤겔이 정신의 자기투사가 자연이라고 했을 때, 갓난아기가 거울을 보고 자신인 줄 인식하지 못하는 것처럼 정신은 자연을 대할 때 그게 자신의 외화外化된 모습이란 걸 모른다. 이때 자연은 일종의 타자가 되고 만다. 내가 아닌 남으로 인식하게 된다. 그러나 시간이 어느 정도 지나면 그게 나라는 걸 알게 된다. 자기동일성의 인식에 도달하는 과정에서 서서히 자연이 정신으로 복귀하게 되는 것이다.

작가가 자기 안에 있는 것을 투사해서 드러낸 것이

작품이라면, 헤겔이 말한 외화를 통해서 비로소 자신을 볼 수 있다는 말이다. 내가 쓴 작품을 보고, 그게 나라는 걸 아는 것, 진짜 나는 어디에 있는 것이 아니라 바로 내가 쓴 작품 속에 있다는 것을 알게 된다. 만약 여기 80대의 후줄근한 할아버지가 있다고 하자. 그 속에는 할아버지의 10대, 20대, 40대가 모두 포함되어 있다는 것이다. 그 모습에서 할아버지의 전부를 찾아내야 한다. 이것은 새로운 인식을 할 때만이 가능하다. 문제는 그 젊은 날 모두를 두고 온 줄 알지만, 두고 올 공간이 있어야 한다. 존재란 시간과 공간을 함께하는 것이기 때문이다. 그러니 과거란 온전히 현재의 모습에 있는 것이다. 할아버지의 사상, 감정변화의 족적까지도 온전히 저 후줄근한 늙음 속에 전부 새겨져 있음이다. 임종안 작가 역시 그가 남긴 작품을 통해서 그의 삶의 궤적을 추적해 보지 않을 수가 없는 이유다.

2. 할머니 스님의 사랑으로

임종안은 2020년에 『산에는 길이 있네』라는 첫 수필집을 펴냈다. 나는 이 책을 읽으면서 울컥울컥하는 감정을 주체할 수가 없었다. 그 인연으로 애잔한 그의 삶이, 이제는 마음속 깊이 들어와 나의 한 부분이 되었을 정도다.

도계암은 지리산 천은사의 말사로서 절 대문간에 버려진 아이들을 키우는 비구니 암자로 세상에 알려져 있다. 임종안 역시도 강보에 싸인 채 도계암 문간에 버려진 아이였다. 매정한 부모를 대신하여 어린 그를 거두고 길러주신 분은 인자하신 할머니스님이셨다. 그렇게 그는 험난하고 고독한 세상을 핏줄 하나 없이 80년의 세월을 견뎌온 것이다. 그 당시의 상황을 이렇게 술회한다.

나는 어려서 네발로 기어 다닐 때, 부모님께서

지리산 자락의 한 비구니암자에 맡겨졌다. 부모님은 어디론가 떠나셨고 이후 나타나지 않았으므로 나는 어머님의 얼굴을 기억하지 못한다. 왜 어린 나를 낯선 암자에다 무정하게 버려두고 떠나셨을까. 정확히 그 이유를 알 수 없지만 다만 그때 흉년이 들어 모두 먹고살기가 어려웠던 시절이었으므로 암자에 나를 맡기면 배고픈 곤궁함은 덜 겪을 것이라는 생각으로 그리하지 않으셨던가 짐작한다.

나는 성장하면서 얼굴도 모르는 어머니가 몹시 보고 싶었다. 만나볼 수 없는 어머니가 그리워 서러움이 북받칠 때도 많았다. 가슴이 미어지는 아픔을 남몰래 품고 살았다. 누구에게나 있는 부모가 왜 나에겐 없을까, 그것이 내게 찾아온 최초의 질문이었다.

왜 나에게만 이런 불행이 주어졌을까. 참으로 원망스럽고 통탄스러웠지만 어디에 하소연할 곳도 마땅찮았다. 꿈에라도 어머니가 나타나주시길 바랐다. 내 머리라도 쓰다듬어 주신다면, 나는 그 손길을 영원히 흡족하게 간직할 수 있을 것 같았다. 하지만 부질없는 공상이고 바람이었다. 항상 갈증과 허전함에 허덕였다.

— 수필 〈박빙여림〉 부분

눈물 없이는 읽어 내려갈 수 없는 상황을 작가는 담담하게 서술해 낸다. 세상에서 가장 슬픈 것이 부모의 사랑을 받지 못하는 아픔, 굶주림과 멸시받는 설움이라면 그 중에서도 부모 없는 고통이 가장 클 것이라고 생각한다. 나는 70을 올라서는 나이인데도 늘 어머니가 보고 싶다. 부모님의 사랑이 살아갈수록 사무치게 그립다. 그러니 천륜의 사랑을 받아보지 못한 그 슬픔과 아픔의 깊이를 짐작이라도 할 수가 있겠는가. 다행히도 그 버려진 아이를 거두어 따뜻하게 키워준 고마운 분이 있었다. 그 분은 나이 많으신 여스님이셨는데 스님이라 부르지 않고 할머니라고 불렀다. 임종안이 버려지고 자란 지리산 도계암은 지금은 지리산으로 오르는 관광도로가 생겨서 길가 암자로 변했지만 그때는 첩첩산중의 외딴 암자였다. 하루 종일 사람 하나 구경할 수 없는 곳, 그래서 날아다니는 산새들의 울음소리도 더욱 정답게 느껴지는 고독한 산암이었다. 그 속에서 그는 다음과 같은 유년기를 보낸다.

"또 제 에미가 보고 싶은 게로구나. 그렇게 자주 보고 싶으면 어찌 살거나. 쯧쯧, 몹쓸 매정한 년. 천륜을 저버리면 천벌을 받는 것인디"

그런 다음 스님할머니는 나를 품에 안고 등을 다독여 주셨다. 할머니의 품에 안겨 포근한 젖무덤에 얼굴을 묻으면 할머니의 가슴에서는 작설차 향기가 묻어났다. 나는 향기에 취해 슬그머니 할머니의 젖가슴에 손을 집어넣었다. 할머니는 흠칫 놀라시며 "요놈이 어디다 손을 넣어" 말은 그렇게 하시면서도 내 손을 뿌리치지 않으셨다. 나는 할머니의 젖을 만지는 황홀감에 젖어 슬픔을 잊어갔다.

(중략)

나는 어머니가 보고 싶을 때면 자주 법당에 들러 부처님께 절을 했다. 법당 중앙의 좌복은 그 절 책임자인 주지스님의 자리로 정해져있다. 그런 규정이 있는 것을 알지 못할 만치 어렸던 나는 중앙에 깔려 있는 좌복에 엎드려 절을 했다. 그러면 어른스님들은 전생에 이 암자 주지스님이 다시 환생해 오셨으니 그대로 두자며 중앙좌석을 나에게 양보하셨다.

— 수필 「그리움」 부분

이런 행동을 본 어른스님들은 전생에 이곳 암자 스님이었다가 다시 태어나서 이곳으로 온 동자라고 기뻐하셨다. 강보에 싸여 대문 앞에 버려졌던 작가는 이 암자의 전생 주지 대접을 받으며 어린 시절을 부러움 없이 지냈다고 술회하고 있다. 그야말로 부처님께서 이 아이의 미래를 지켜준 것이 아닌가 싶다. 전생과 현생을 하나로 묶어보는 스님의 사유가 특별히 주목된다. 이 얼마나 다행인가 싶다.

3. 끝없는 투쟁과 갈등 속으로

작가는 1941년에 태어난 것으로 추정되는데 청소년기는 여순반란사건, 한국전쟁 등 우리의 현대사가 지리산을 중심으로 요동치던 격동의 시기였다. 목숨을 다투는 전쟁의 소용돌이 속에서도 초등학교를 졸업할 수 있었던 것은 행운이었다. 그 이후 여수에 있는 작은 암자에 대처승으로 출가를 한다. 말이 출가이지 무려 6년 동안 새경 없는 종살이에 불과했다. 견딜 수 없는 비인간적인 고역이었다. 그가 고향이라고 생각하는 구례에 6년 만에 돌아오니 반란군들은 모두 소탕이 되고 옛날의 평온을 되찾아가고 있었다. 할머니는 옛날에 사시던 암자에서 그대로 생활하고 계셨다.

나는 할머니께 인사를 드렸다. 부처님께 예를 올리듯이 공손하게 인사를 드렸다. 내 인사를 받고 난 할머니는 무겁게 입을 떼셨다.

"너도 이제는 나이도 먹고 했으니 비구니처소에서 같이 살 수가 없다. 아래 큰절로 내려가서 은사스님을 정하고 스님노릇 잘 하도록 하여라. 특히 세상을 살아가면서 어렵고 힘들다고 부정한 일에 쉽게 물들지 말고 정직하게 살거라. 지금 내가 한 말을 명심하고 꼭 지키도록 하여라. 알겠냐?"

— 수필 「끝없는 부정」 부분

작가는 할머니의 엄격하고 단호한 말씀대로 아래 천은사로 내려가 새로 은사스님을 정하여 사미계를 받고 본격적인 승려생활을 시작한다. 정식으로 스님이 된 것이다. 당시 천은사는 대처승의 절이었다. 염불을 외우고 매일 종무소에 배달되어오는 각종 신문을 탐독하였다. 당시 절에는 고등고시 공부를 하는 학생들이 있었다. 이들과 형제처럼 친하게 지내면서 새로운 세계에 눈을 뜨게 된다. 이 무렵 아무도 눈치 채지 못하게 사법고시 준비까지 하게 된다. 또한 이 시기에 전설속의 암자인 상선암으로 처소를 옮겨 우번대를 오르내리며 3년간 사회공부에 매진하게 된다. 그러나 운명은 그를 평범한 승려로 두지 않았다. 동료스님으로부터 사찰 산판에 부정이 있고 사회적으로 크게 말썽이 되니 바로잡자는 제의를 받는다. 정의감에 불타는 청년 임종안은 모든 공부를 중단하고 투사의 길로 들어선다.

> 내 개인적으로는 아무런 이해득실이 없는 일임에도 내가 발 벗고 나서자, 그들은 나를 남 잘되는 일에 배가 아파서 방해나 부리는 불량배쯤으로 평가절하하였다. 나는 여론 따위는 개의치 않았다. 정의에 대한 사랑과 부조리에 대한 분노랄까. 그 시절 나는 적어도 내 주변의 사회문제에 뜨겁게 고심하였다. 그리고 정의를 사랑하는 더 많은 이들이 나의 이 같은 행보에 공감해줄 것이라 믿었고 청정

한 우주의 기운이 나를 돕고 있다고 굳게 믿었다.

— 수필 「외로운 싸움」 부분

뿐만 아니라 사찰과 주지의 비리를 조목조목 들추어서 진정서를 작성하고 서명을 받아 청와대까지 보냈다. 구례경찰서가 발칵 뒤집힌 것은 물론이다. 정의를 사랑하는 이들이 박수를 보내고, 청정한 기운이 자신을 돕고 있다고 믿었다. 위축되지 않고 씩씩한 모습으로 싸워나갔다. 감독해야 할 기관마저 거대한 악의 고리에 함께 연루되어 있을 것이라고는 그때는 상상도 못했다. 그런 과정에서 입영통지서를 받았고 30개월의 군복무를 마치고 다시 천은사로 돌아온다.

전역 후에는 사찰운영에 눈을 감고 살 작정이었지만 현실은 너무나 부조리하게 보였다. 산판을 팔아서 부자 절이란 명성이 자자했지만 현실은 먹을거리가 없을 정도였다. 속가에 처자식을 둔 대처승들이 재산을 빼돌린 탓이었다. 문제는 그러한 부정투성이를 보고서도 누구도 나서지를 않는다는 것이다. 투쟁은 다시 시작된다. 이때 총무원에서 차라리 천은사 주지를 맡으라는 제의를 받고 임명장을 받았다. 26세의 피 끓는 나이였다. 총무원 지원금을 늦지 않게 납부해야 한다는 전제가 있었지만 그것은 불가능한 일이었다. 주지 취임식도 못한 채 해임이 되었다. 총무원의 무원칙한 종무행정이 더 문제라는 사실도 알았다. 총무원을 검찰에 고발했다. 자신은 운명적으로 교단의 비리를 고발하고, 정의를 실천하기 위해서 사찰 문전에 버려졌다고 믿었을 정도다.

그러나 그의 투쟁은 끝도 진전도 없었다. 종단개혁의 기폭제 역할도 하지 못했다. 달라진 것이라곤 아무것도 없었다. 자신의 처지만 곤궁의 수렁으로 빠져들 뿐이었다. 한 개인의 허망한 패배로 끝날 싸움이란 사실을 그때쯤 깨닫게 되었다. 그의 투쟁은 그렇게 막을 내리고 만다.

이후 목근예술가로서 새로운 삶으로 출발하지만

그때는 사찰과 주지가 그를 가만두지 않는다. 자연훼손죄로 경찰에 고발되어 유치장에 갇히는 신세가 된다. 풀려나기는 했지만 상처는 컸다. 이런 상황에서 그는 정든 천은사와 도계암을 떠날 수밖에 없었다. 환속 아닌 환속이었다. 지리산에서도 가장 깊은 심원마을에서 정착하기로 마음을 먹게 된다.

막상 암자를 떠나기로 작정은 했지만 갈 길이 막막했다. 산골에서만 자라온 나는 산골을 떠날 생각을 하지 못했다. 할머니스님께 쌀 서너 되를 얻어 짊어지고 무작정 지리산 깊은 산골 하늘아래 첫 동네로 불리는 심원마을로 찾아들었다. 정처 없이 떠난 길이었다. 나는 이때 내가 어려서 보았던 감나무 가지에 까치가 집을 지어 놓으면 어디서 덩치가 큰 까마귀 떼가 몰려와 집을 빼앗고 까치를 쫓아내던 일이 떠올랐다. 혼자 산길을 터벅터벅 걸어가면서 처음으로 뼈저리게 외롭다는 생각에 젖어 보았다. 이런 것이 승려사회에서 문중 없이 사는 외톨

이 인생의 시련이던가. 두 눈에서는 하염없이 뜨거운 눈물이 흘러내렸다. 누구에게 원망도 미움도 없는 그저 내 인생의 회한에 젖어 쏟아진 눈물을 손등으로 닦으며 심원마을에 도착하였다.

— 수필 「심원에 들다」 부분

화전민의 집터를 얻어 힘겹게 둥지를 마련하고 한봉을 하면서 목숨을 부지했다. 어느 날 움막을 헐고 천막을 갈기갈기 찢어버린 현장에서 아연실색하고 만다. 이미 그는 공단직원과 정보기관 형사들의 감시대상이 된 것이다. 투신을 결행하려고 앞산 높은 절벽으로 이동 중에, 쏟아져 나오는 벌떼의 공격에 새로운 삶의 의욕을 찾게 된다. 모든 것을 버리고 마지막으로 돌아갈 곳은 핏덩이로 왔던 도계암뿐이라고 생각했다. 결국 그를 마지막까지 받아주었던 곳은 핏덩이로 왔던 도계암뿐이었던 것이다.

4. 광대 무량한 인연의 세계

임종안 작가의 작품세계의 가장 큰 특징은 시간과 공간을 초월한다는 점이다. 이승과 저승을 넘나들고 무량광대의 시공을 유영한다. 다음 작품을 보자.

> 금생에는 내가 백운수좌의 스승노릇을 하지만 내생에는 자네가 내 스승이 되어주게나. 내가 죽으면 반드시 인도환생을 해서 승가로 다시 돌아올 것이니 그때 만나세. 우리가 만나는 장소는 내가 기도하면서 석종소리를 들었던 우번암으로 하세. 더벅머리 총각으로 오든지 행자의 신분으로 오든지 와서 이 달마도 그림을 보고 죽고 못살게 좋아하는 사람이 있거든 그 사람이 나인 줄 믿고 이 달마도를 다시 나에게 주시고 나를 지도해 주시길 부탁하네.
>
> — 수필 「어떤 약속」 부분

우번암을 실질적으로 창건한 용화스님은 진지한

표정으로 말씀을 하시며 조그마한 달마도 그림 한 폭을 제자인 백운스님 앞에 내민다. 두 스님이 달마도 그림을 매개로 금생을 뛰어넘어 내생의 일을 약속하고 있는 장면이다. 그 약속의 구체적인 만남 장소는 지리산 우번암이다. 그럼에도 그것이 조금도 황당하지 않고 마치 몇 년 후의 약속처럼 친근하게 느껴진다. 이것이 임종안 작가의 필력의 깊이라고 생각한다.

이후 백운스님은 지금의 우번암을 복원하는데 전력을 다하며 용화스님의 환생을 기다린다. 백운스님의 간절한 기다림에도 달마도를 전해줄 더벅머리 총각은 쉽게 찾아오지 않았다. 신심이 부족해서인가 하고 더 열심히 기도했다. 백운스님이 이승을 하직할 무렵 화자는 문병하여 궁금했던 달마도의 사연을 물었다. 백운스님은 "용화스님은 이미 찾아오셔서 새소리 바람소리로 계속 나에게 설법을 하고 계시는데도 내가 눈귀가 어두워 깨닫지 못했을지도 몰라. 용화스님의 수행력으로 보아서는 약속을 어기실 분이 아니신데”

두 스님은 이제 세상을 떠나시고 안 계시지만 약속의 전설은 오늘도 지리산 골골이 솔바람 바람소리로 남아 회자되고 있다.

이 작품은 승려 임종안의 가장 깊은 곳의 수행의 정도가 표현되어 있다고 본다. 또한 그의 문학세계의 정수리라고 생각한다. 임종안, 지금은 평복을 입고 있지만 그의 몸속에는 승려의 피가 흐른다. 그것도 간절하고 진한 승려로서의 수행이 그를 떠받치고 있다. 그러한 믿음과 의지가 험한 이 세상에서 살아남게 한 힘이었다고 생각한다. 비록 이 세상에서는 고적한 삶을 살았지만 저 세상에서는 희망과 사랑이 넘치는 극락왕생을 꿈꾸는 강한 신앙심의 발로이기도 하다. 지리산 종석대 밑에 있는 숨은 암자 우번암은 현재는 백운스님의 상좌인 법종스님이 40여 년 이상을 상주하고 있다. 이런 작품도 있다.

나는 세숫대야에 물을 떠다 고양이의 상처를 깨끗이 씻은 후 묻었다. 전생에 무슨 인연으로 이생에 이렇게 만나 내 가슴을 이리도 아프게 하느냐. 부디 원한이 있거든 풀고 왕생극락하소서. 왕생극락하소서. 마지막 사십구 일째 되는 날은 고양이가 좋아하는 간단한 음식을 준비해 놓고 영가 천도식을 했다. 그래도 고양이의 살생에 대한 죄책감은 풀리지 않고 가슴이 아팠다. 어쩌면 토굴생활을 마치고 떠날 때까지, 아니 어쩌면 이생을 마치는 날까지도 고양이의 죽음은 뇌리에서 떠나지 않고 회한으로 남아있을지도 모를 일이다.

— 수필 「어떤 천도식」 부분

키우던 고양이의 죽음에 대한 슬픔을 형상화한 작품이다. 화자의 실수로 고양이가 죽었기에 그 슬픔은 더욱 크다. 영가천도식까지 올렸지만 아리는 가슴을 해소하지는 못한다. 이 작품 역시 화자의 의식 밑바탕에는 이생과 저생의 공간적 사유는 서로가 넘나들고 있음을 확인할 수가 있다.

임종안의 수필에서 또 하나 더 나타나는 특징이라면 고향 구례 사랑이라는 점을 언급하지 않을 수가 없다. 다음 작품을 보자.

> 내 고향 전라도 구례는 업장처럼 지리산을 등에 업고 살아간다. 이곳의 봄은 이삼월이 되면 멀리 남쪽에서 서서히 섬진강을 따라 올라온다. 하동포구 다압 마을의 매화를 꽃피우고 나서 지리산 아랫마을 산동의 산수유 피운 다음 우리들에게 고로쇠 약수를 선사하는 것으로 봄은 첫인사를 한다. 메말랐던 나뭇가지에 파릇파릇 잎이 피고 얼어붙었던 대지에는 새순이 돋아난다. 미끄럽고 위험하던 산길은 언제 그랬냐는 듯이 깔끔히 눈이 녹아 탐방객들의 길을 열어준다.
>
> — 수필 「내 고향의 봄소식」 부분

이 작품은 그가 얼마나 지리산과 고향 구례를 사랑하고 있는지를 잘 보여준다.'내 고향 전라도 구례는 업장처럼 지리산을 등에 업고 살아간다.'라는 문장에서도 알 수 있다. 전체적인 문장 역시 서정적이고 담백하다. 그 어떤 수련을 통해서 이런 다정다감한 문장을 체득했는지 궁금할 정도다. 그는 천부적으로 작가일 수밖에 없다.

사실은 그가 태어난 곳은 구례가 아닐지도 모른다. 구례는 그가 버려져 살았던 곳일 뿐이다. 그럼에도 그는 단 한 번도 구례가 고향임을 의심치 않는다. 누구보다도 더 사랑하고 아낀다. 그것이 작품의 행간에 자연스럽게 녹아있다. 실제로 화자는 「고향」이란 수필에서 "내 고향은 남쪽, 산자수명한 지리산을 등진 구례, 지리산의 정기를 타고 반야봉의 지혜를 얻어 태어남인지 예부터 예의범절이 바른 고을. 그래 예禮를 구求하며 사는 고장이라 하여 구례란다."며 고향이 구례임을 분명히 하고 그 자부심 또한 대단하다.

이상에서 임종안의 작품세계를 분석한 내용을 요약하면 다음과 같이 정리할 수 있다. ①자신을 거두어 따뜻하게 길러주신 할머니 스님에 대한 고마움과 간절한 정. ②화자를 버린 부모님에 대한 한스러움과 사무치는 그리움. ③현실의 부조리에 대한 분노와 정의에 대한 사랑. ④시간과 공간을 초월하는 광대 무량한 인연의 세계. ⑤고향 구례와 지리산에 대한 애착과 자부심이다.

5. 문학으로의 귀환

1980년, 임종안 작가의 생애에서 가장 결정적인 전환점을 맞이하게 된다. 『신동아』 11월호에 논픽션 「인간 송충이」가 당선작으로 뽑힌다. 대처승들의 부정한 사찰 운영에 눈감지 못하고 싸워온 탓으로 승적부에서 이름까지 지워야만 했던 그동안 그의 투쟁사를 정리한 것이다. 공식적인 학력 초등학교 졸업이

전부인 그가 수백 대 일의 경쟁을 물리치고 유명잡지의 공모전에서 일등을 한 것이다. 이는 분명 임종안 작가에게 인생의 새로운 전환점이다. 그로부터 칼럼리스트로 대우를 받고 유력일간지와 잡지의 필자가 된다. 전국에서 격려의 편지가 쏟아졌고 유명 문인들이 그의 주변으로 모여들었다. 법정스님이 직접 다녀갔을 정도다. 2012년에는 수필전문지 『에세이스트』로 등단작가가 된다. 2023년에는 수필 「할머니 스님과 엄마스님」으로 『에세이스트』 올해의 작품상을 받게 된다. 이 정도면 작가로서 충분한 자리매김을 했다고 본다. 문학이야말로 그의 인생에서 최고의 안식처이자 화해의 공간이라고 확신하게 된다. 신동아 당선 소감에서 그는 이렇게 썼다.

> 억울하고 서러운 사람들을 볼 때마다 진정 종교인이 취해야 할 자세가 어떠한 것인가를 생각해 보게 된다. 선량하게 살려는 사람들은 언제나 배가 고프다. 아예 양심을 수술해 버리고 오늘은 이같이

내일은 저 같이와 협잡하며 사는 사람들은 부당하게도 살쪄간다. 이런 현실을 볼 때마다 나는 자신도 모르게 분노할 수밖에 없었다. 마음에서 분노를 비우라는 경전 앞에서 나는 뜬 눈으로 밤을 새우며 고민하지 않을 수 없다.

천애고아인 그는 왜 투사가 되었을까. 어린 시절 주지승의 같은 또래 아들에게 뺨을 맞은 적이 있다. 그때 처음으로 힘 앞에서 비굴해야 한다는 비애를 맛보았다. 이때 각인된 억울함이 무의식으로 잠재된 것이라 했다. 두 번째 수필집 서문에 보면 이런 표현도 있다.

내가 성장한 지금은 나를 길러주신 여스님은 세상을 하직하시고 아무도 안 계신다. 너무도 한스럽다. 세상을 살아가면서 그 은혜를 생각하면 사무치게 그립다. 나는 이 하해와 같은 은혜를 세상을 정의롭게 사는 것으로 보답해야 되겠다고 결심했다.

> 그러나 이 결심을 지켜나가는 것이 쉬운 일은 아니었다. 때로는 적당히 타협하지 못한 탓에 겪어야만 되었던 어려움은 말로 다 형용하기가 어렵다.
>
> — 수필집 『지리산의 노송』 서문 중에서

나를 길러주신 스님의 은혜를 갚는 길은'정의롭게 사는 일'이라 했다. 그렇다. 그는 정의를 위하여 그 힘겨운 투쟁의 길을 나섰던 것이다. 또 한편으로는 무엇보다도 그 소중한 어머니에 대한 사랑의 결핍이야말로 그를 저항의 아이콘으로 만든 것이 아닐까 하는 상상도 해본다. 역사에 만약은 없지만 영특하고 인정 많은 그가 투사의 길이 아니고 세상을 긍정하는 삶을 선택했더라면 지금쯤 어떻게 달라져 있을까 궁금하기만 하다.

임종안 작가는 지금도 80여 년 전 버려진 그곳인 도계암에서 여전히 살고 있다. 도계암에서 그가 할 일은 많다. 무엇보다도 자신을 길러준 은혜에 보답해야 한다. 암자의 허드렛일과 차량을 운전하는 일도 그의 몫이다. 화자와 같은 처지에 있는 지우를 돌보는 일도 중요하다. 근래에도 대문 앞에는 강보에 싸인 불쌍한 아이들이 버려진다. 이 아이들도 정성을 다해 돌보아야 한다. 그는 비구니암자에 승려가 아니라 불목하니로 돌아온 것이다. 스스로가 자청한 일이다. 홀몸으로 와서 핏줄 하나 남기지 않고 이승을 떠날 것임도 예견되어 있다.

필자는 임종안 작가를 문학의 인연으로, 지리산의 인연으로 연결되어 교류하고 있다. 몇 년 전 그와 지리산 상선암과 우번대를 함께 오르는 기회가 있었다. 팔순의 작가는 아직도 정정하고 따뜻한 인정스러움이 넘쳐났다. 하산 길에 문득, 그가 신라시대 상선암에서 수행하던 우번조사가 환생한 것이 아닌가 하는 생각이 스쳤다. 상선암에서 기도하던 우번은 여인의 유혹을 물리치려고 종석대에서 토굴을 파고 수행 정진하다 도를 깨쳤다. 바로 그 현장이 지리산 우번대의 출발점이자 뿌리다. 그는 이 세상에 홀로 와서 홀로 살며 홀로 저 세상으로 떠날 것이다. 우번은 수행으로 득도를 했지만 임종안 선생은 삶 자체가 수행이고 정진이다. 득도를 하지 않고서는 현실을 이어가기가 불가한 삶이다. 그런 의미에서 두 사람은 꼭 닮아 있었다.

임종안 작가가 다음 생에는 고적한 산사가 아니라 사람이 벅적대는 곳에 태어나기를 소망해 본다. 화목한 가정에서 사랑받으며, 좋은 배필 만나서 아들딸 낳고, 부귀영화의 삶을 누리시길 기원한다.

임종안 수필집

지리산의 노송

초판인쇄 | 2024년 3월 11일
초판발행 | 2024년 3월 15일

지은이 | 임 종 안
펴낸이 | 서 정 환
펴낸곳 | 수필과비평사

주 소 | 서울시 종로구 삼일대로32길 36
(익선동 30-6)운현신화타워 305호
전 화 | 02)3675-3885 063)275-4000
등 록 | 제300-2013-133호
e-mail | essay321@daum.net

값 15,000원
ISBN 979-11-5933-522-8 (03810)

*잘못된 책은 바꿔 드립니다.